Maja Pitamic

Zeig mir mal, wie das geht!

Spielen, lernen und fördern mit Methoden der Montessori-Pädagogik

www.knaur-ratgeber.de

Bibliografische Information: Die Deutsche Bibliothek

Die Deutsche Bibliothek verzeichnet diese Publikation in der Deutschen Nationalbibliografie; detaillierte bibliographische Daten sind im Internet über http://dnb.ddb.de abrufbar.

Wichtiger Hinweis

Die im Buch veröffentlichten Ratschläge wurden mit größter Sorgfalt von Verfasserin und Verlag erarbeitet und geprüft. Alle im Buch beschriebenen Aktivitäten sollten zu jeder Zeit unter Aufsicht der Eltern durchgeführt werden. Eine Garantie kann jedoch nicht übernommen werden. Ebenso ist eine Haftung der Verfasserin bzw. des Verlages und seiner Beauftragten für Personen-, Sach- oder Vermögensschäden ausgeschlossen. Die vorliegende Publikation wurde von einer Montessori-Lehrerin verfasst, ist jedoch nicht in Zusammenarbeit mit Montessori-Einrichtungen entstanden.

Das Werk einschließlich aller seiner Teile ist urheberrechtlich geschützt. Jede Verwertung außerhalb des Urhebergesetzes ist ohne Zustimmung des Verlages unzulässig und strafbar. Dies gilt insbesondere für Vervielfältigungen, Übersetzungen und die Einspeicherung in elektronischen Systemen. Bei der Anwendung in Beratungsgesprächen, im Unterricht und in Kursen ist auf dieses Buch hinzuweisen.

Titel der Originalausgabe: Teach me to do it myself
© Elwin Street Limited 2004
Conceived and produced by
Elwin Street Limited
79 St John Street
London EC1M 4NR
www.elwinstreet.com
Layout und Illustrationen: Isabel Alberdi
Fotos: Keith Waterton

© der deutschprachigen Ausgabe: 2006 Knaur Ratgeber Verlage.
Ein Unternehmen der Droemerschen Verlagsanstalt Th. Knaur Nachf. GmbH & Co. KG, München
Alle Rechte vorbehalten

Projektleitung: Caroline Colsman
Übersetzung: Sabine Dietrich, München
Redaktion: Andreas Kobschätzky, Landsberg
Herstellung: Dagmar Guhl
Umschlagkonzeption: ZERO-Werbeagentur, München
Umschlagfoto: workbookstock.com
Satz: Wilhelm Vornehm, München
Gedruckt und gebunden in Singapore

ISBN-13: 978-3-426-64300-6
ISBN-10: 3-426-64300-6

5   4   3   2   1

Bitte besuchen Sie uns im Internet: www.knaur-ratgeber.de

Inhalt

Vorwort   **6**

      Wer war Maria Montessori?

Wie Sie dieses Buch verwenden – Häufig gestellte Fragen   **8**

Kapitel 1   PRAKTISCHE FERTIGKEITEN   **12**

      Körperpflege
      Motorische Fähigkeiten und Koordinationssinn schulen
      Hand-Augen-Koordination entwickeln

Kapitel 2   DIE SINNE SCHULEN   **46**

      Den Tastsinn schulen
      Das Sehvermögen schulen
      Das Gehör schulen
      Den Geruchssinn schulen
      Den Geschmackssinn schulen

Kapitel 3   SPRACHENTWICKLUNG   **76**

      So lernt Ihr Kind Bücher lieben
      Das Alphabet und die Buchstaben lernen
      Wortbildung und erste Sätze
      Sprache aktiv einsetzen

Kapitel 4   RECHENFERTIGKEITEN   **104**

      Ziffern lernen
      Mengen lernen
      Zahlen und Mengen addieren und subtrahieren
      Einkaufen: Wortschatz rund um Zahlen und Ziffern

Kapitel 5   NATURWISSENSCHAFTLICHE FERTIGKEITEN   **134**

      Experimente rund um Natur und Pflanzen
      Experimente rund um das Element Wasser
      Grundlagen in Geographie
      Spiel und Spaß mit Farben
      Backen mit Kindern

Arbeitsblätter   **166**

Vorwort

Dieses praktische Arbeitsbuch für Kinder zwischen drei und fünf Jahren macht jede Menge Spaß. Sämtliche Aktivitäten basieren auf der Montessori-Lehrphilosophie und verhelfen Ihrem Kind zum bestmöglichen Start ins Leben. Es erwirbt grundlegende Fähigkeiten/Fertigkeiten und entwickelt ein tieferes Verständnis für die Welt um sich herum.

Sie fungieren dabei als Lotse, der sein Kind durch die Übungen begleitet, so dass es sich eine Fülle von praktischen Fertigkeiten aneignen kann, die vom Anziehen bis hin zu wissenschaftlichen Grundlagen reichen. Fachwissen ist dabei nicht nötig.

Die Übungen sind Schritt für Schritt erklärt und enthalten auch Vorschläge für weiterführende Aktivitäten. Die nötigen Vorbereitungen sind denkbar einfach und die Materialien in den meisten Haushalten ohnehin vorhanden.

Ihr Kind wird dabei nicht nur sein Koordinationsvermögen verbessern sowie an Selbstvertrauen und Selbstachtung gewinnen, sondern auch Sie selbst gewinnen dadurch Einblick in die Bedürfnisse Ihres Kindes. Und das Beste ist, dass Sie Ihrem Kind beibringen, diese Dinge alleine zu tun, und es somit auf den Weg in Richtung Eigenständigkeit bringen.

Wer war Maria Montessori?

Maria Montessori, 1870 in Rom geboren, machte als erste Frau an der Universität von Rom ihren Abschluss in Medizin. Sie war Direktorin der *Scuola Ortofrenica*, einer Schule für Kinder mit besonderen Erziehungsbedürfnissen, und lehrte ab 1900 pädagogische Anthropologie an der Universität von Rom.

Im Jahr 1907 eröffnete sie die *Casa dei Bambini*, eine Schule für Kinder aus den Slums. Dort

entstand ihre mittlerweile weltberühmte Lehrmethode. Schnell sprach sich herum, welch revolutionäre Lehrmethode an ihren Schulen zum Einsatz kam, und schon bald strömten die Besucher in Scharen herbei, um das Geschehen zu beobachten. So fand die Montessori-Lehrmethode internationale Anerkennung.

Zu den möglicherweise bahnbrechendsten Erkenntnissen von Maria Montessori gehörte ihre Ansicht darüber, wie wichtig die Lernumgebung für ein Kind ist. Sie spürte, dass Kinder ein kindzentriertes Umfeld brauchen, um ihre Fähigkeiten zu entfalten und Selbstbewusstsein zu entwickeln. Heute erkennen nicht nur Montessori-Schulen, sondern alle Schulen an, welch wichtige Rolle die Umgebung bei der Entwicklung eines Kindes spielt.

Maria Montessori behauptete stets, sie habe sich keine neue Lehrmethode ausgedacht, sondern dass ihre Ideen für das Unterrichten von Kindern hauptsächlich aus dem genauen Beobachten entstanden seien. So entdeckte sie die folgenden Bedürfnisse:

- Spaß am Lernen
- Ordnungssinn
- Bedürfnis nach Selbstständigkeit
- Bedürfnis nach Respekt und Gehör
- Interesse an Fakten und Fiktion.

Montessori behauptete, diese Bedürfnisse seien rund um den Globus gültig, unabhängig von Land, Geschlecht, Rasse oder sozialem Hintergrund des Kindes. Heute, mehr als 50 Jahre nach dem Tod von Maria Montessori im Jahr 1952, sind diese Bedürfnisse immer noch unverändert und so relevant wie anno 1909, als sie zum ersten Mal beobachtet wurden.

Dieses Buch stellt meine Interpretation der Montessori-Lehrmethode dar, die ich aus vielen Jahren des Lehrens zog. Die Aktivitäten folgen dem »Geist« und nicht so sehr jedem einzelnen Buchstaben der Lehrmethode.

Wie Sie dieses Buch verwenden

Dieses Buch basiert auf den grundlegenden Montessori-Prinzipien, wonach Kinder durch Erfahrung lernen. Sie können aber ganz beruhigt sein, Sie brauchen dafür kein eigenes Montessori-Klassenzimmer bei sich zu Hause einzurichten. Die Übungen bedürfen nur einer geringen Vorbereitung, und die verwendeten Materialien sind meist schon vorhanden. Vielleicht machen Sie sich Gedanken, weil Sie über kein Fachwissen im Unterrichten verfügen. Doch seien Sie auch hier ganz unbesorgt. Die nachfolgenden Punkte zeigen Ihnen, was Sie beachten müssen, wenn Sie eine der Aktivitäten mit Ihrem Kind durchführen wollen.

■ Überprüfen Sie Ihre Umgebung. Vergewissern Sie sich, dass Sie und Ihr Kind die Übung an einem komfortablen, sicheren Ort durchführen.

■ Vergewissern Sie sich, dass Ihr Kind das Geschehen gut sehen kann. Setzen Sie Ihr Kind zu Ihrer Linken (zu Ihrer Rechten, falls Ihr Kind Linkshänder ist).

■ Nehmen Sie sich vor, konsequent mit der rechten Hand zu arbeiten (mit der Linken, falls Ihr Kind Linkshänder ist).

■ Viele der Aktivitäten werden auf einem Tablett ausgeführt. Es definiert den Arbeitsplatz für Ihr Kind. Damit das Kind nicht abgelenkt ist, wählen Sie am besten ein Tablett ohne Muster.

■ Bereiten Sie die Übungen vor. Es macht keinen Sinn, einem Kind eine Beschäftigung vorzuschlagen, nur um dann zu entdecken, dass Sie die nötigen Materialien nicht parat haben.

Tipp

■ Wissen Sie die Antwort auf eine Frage nicht, dann sagen Sie das auch, und versuchen Sie anschließend, die Antwort gemeinsam mit Ihrem Kind herauszufinden.

■ Eine strukturierte Vorgehensweise ist zwar nötig, doch seien Sie darauf vorbereitet, flexibel zu reagieren, und sorgen Sie sich nicht, wenn die Dinge nicht immer nach Plan verlaufen. Das führt Ihr Kind vielleicht auf unerwartete Entdeckerpfade, und dann wird die Sache richtig spannend.

Einführung / 9

- Seien Sie beim Vorführen der Übung besonders sorgfältig und legen Sie die Materialien ordentlich zurecht. So wecken Sie den Ordnungssinn Ihres Kindes.

- Beauftragen Sie Ihr Kind, die Materialien zum Arbeitsplatz und nach Beendigen der Aktivität auch wieder zurückzubringen. So entsteht ein »Arbeitszyklus«, und Ihr Kind wird angespornt, sich auf das Projekt zu konzentrieren.

- Werden Sie sich über das Ziel der Aktivität klar; lesen Sie deshalb immer zuerst die Übung durch.

- Unterbrechen Sie Ihr Kind beim Arbeiten nicht. Lernen Sie, sich zurückzulehnen und das Geschehen zu beobachten.

- Versuchen Sie, nicht negativ zu sein. Kann Ihr Kind die Übung nicht korrekt ausführen, dann notieren Sie sich im Geiste, die Übung später zu wiederholen.

- Ist Ihr Kind in die Aktivität versunken und möchte sie wiederholen, lassen Sie es das tun, sooft es möchte. Ein Kind lernt nämlich durch Wiederholung.

- Schaffen Sie einen Arbeitsbereich für Ihr Kind, sofern Sie über genügend Platz verfügen. Ist eine Übung beendet, lassen Sie die Arbeitsmaterialien an einem sicheren Ort liegen, so dass Ihr Kind die Übung wiederholen kann, wenn es möchte.

- Verwendet Ihr Kind eines der Materialien anders als vorgesehen, muss die Aktivität sofort beendet werden. Dadurch begreift Ihr Kind, dass sein Verhalten nicht richtig war. Zu einem späteren Zeitpunkt können Sie die Übung dann noch einmal durchführen.

Häufig gestellte Fragen

Wie alt sollte mein Kind sein, wenn ich mit ihm eine Übung zum ersten Mal mache?

■ Ich habe bei den Aktivitäten ganz bewusst auf Altersangaben verzichtet, denn es löst bei manchen Eltern Panik aus, wenn ihr Kind eine bestimmte Aktivität nicht lernen möchte. Jedes Kind ist ein Individuum mit verschiedenen Stärken und Schwächen, und deshalb findet man auch selten ein Kind, das in allen Lernbereichen gleich stark ist. Als Richtlinie sei darauf verwiesen, dass die Kinder in einem Montessori-Kindergarten im Allgemeinen zuerst mit den Aktivitäten aus Kapitel eins und zwei vertraut gemacht werden, da diese eine gute Grundlage für die restlichen Übungen bilden.

Ich würde vorschlagen, dass Sie bei Kindern zwischen vier und fünf Jahren Aktivitäten aus allen Kapiteln auswählen. Sehen Sie aber, dass Ihr Kind an einem Thema, beispielsweise Mathematik, ganz besonderes Interesse zeigt, dann machen Sie eine Ausnahme und präsentieren Sie ihm mehr Rechenübungen.

Muss ich die Aktivitäten in einer bestimmten Reihenfolge durchführen?

■ Machen Sie sich zum Ziel, jedes Kapitel in der vorgegebenen Reihenfolge abzuhandeln, da die Übungen aufeinander aufbauen. Bei den Kapiteln eins, zwei und fünf können Sie etwas flexibler vorgehen, Sie können eine Aktivität ausprobieren und falls nötig zu einem späteren Zeitpunkt wieder auf sie zurückkommen. Wenn Ihr Kind das Alphabet oder die Zahlen bis zehn bereits kennt, dann können Sie mit ihm vielleicht auch schon eine der fortgeschrittenen Übungen angehen.

Wann kann mein Kind bei einer Aktivität mit verschiedenen Schwierigkeitsstufen die nächstschwierigere Übung angehen?

■ In den Abschnitten »Zum Ausprobieren« finden Sie Aktivitäten mit unterschiedlichem Schwierigkeitsgrad, geordnet von leicht nach schwer. Sobald Ihr Kind eine Übung gemeistert und es genug Selbstvertrauen gewonnen hat, um alleine zu arbeiten, stellen Sie ihm die nächstschwierigere Übung vor.

Wie verhalte ich mich, wenn mein Kind einen Fehler macht?

■ Ermutigen Sie Ihr Kind zu sorgfältigem und aufmerksamem Arbeiten. Bedenken Sie, dass auch Sie sich entsprechend verhalten sollten. Versuchen Sie, den Fehler Ihres Kindes nicht extra zu betonen, sondern finden Sie einen Weg, wie es seine eigenen Fehler korrigieren kann. Auf diese Weise wird es Fehler als etwas betrachten, woraus man lernen kann. Ich habe schon allzu oft mit Kindern gearbeitet, die sich aus Angst davor, einen Fehler zu machen, nicht auf neue Übungen einlassen.

Wann ist die beste Tageszeit für die Übungen?

■ Wie auch Erwachsene haben Kinder Tageszeiten, zu denen sie aufnahmebereiter sind als zu anderen. Die meisten Kinder sind morgens und vormittags am empfänglichsten, weshalb Sie Sprach- und Rechenübungen auch unbedingt in diesen Zeitraum legen sollten. Die anderen Aktivitäten können Sie zu jeder Zeit anbieten. Ich würde jedoch dazu raten, nicht über den Spätnachmittag hinauszugehen.

Was tue ich, wenn mein Kind bei der Aktivität nicht mitmacht?

■ Bleiben Sie ruhig und seien Sie nicht böse auf Ihr Kind, wenn es kein Interesse an der Übung zu zeigen scheint. Legen Sie das Übungsmaterial dann einfach zur Seite. Gehen Sie für sich die Präsentationspunkte noch einmal durch. Stellen Sie sich folgende Fragen: Habe ich die Aktivität ansprechend präsentiert? War die Tageszeit die richtige? Habe ich mein Ziel klar umrissen, und hat mein Kind verstanden, worum es ging? Bei einer Sprach- oder Rechenaktivität überprüfen Sie auch, ob Ihr Kind schon reif für diese Übung war.

Wie verwenden wir die Arbeitsblätter?

■ Zum Verwenden der Arbeitsblätter am Ende des Buches kopieren Sie diese am besten auf DIN-A3-Papier. Vergrößern Sie sie entsprechend, um das Format optimal auszunutzen. So hat Ihr Kind auf jedem Arbeitsblatt genug Platz. Außerdem können Sie die Blätter viele Male wiederverwenden.

Praktische Fertigkeiten

Durch die Aktivitäten in diesem Kapitel lernt Ihr Kind wichtige praktische Fertigkeiten für den Alltag.

Einem Erwachsenen erscheinen diese Aufgaben vielleicht sehr einfach, denn sobald man sie einmal gemeistert hat, führt man sie ganz automatisch aus. Für Ihr Kind jedoch bedeutet das korrekte Ausführen dieser Aktivitäten ohne fremde Hilfe eine echte Leistung und steigert sein Selbstwertgefühl.

In der ersten Gruppe von Übungen werden Grundlagen der Körperpflege wie Hände waschen oder Haare bürsten vermittelt. Weitere Aufgaben sind das Anziehen von Schuhen oder etwas einzugießen, was Ihrem Kind hilft, seine Hand-Augen-Koordination zu entwickeln.

Hände waschen

Was gibt es Grundlegenderes als das Waschen der Hände? Trotzdem kommen viele Kinder in die Schule, ohne diese Fertigkeit zu beherrschen.

Stellen Sie sich vor, wie stolz und selbstsicher Ihr Kind ist, wenn es aufgefordert wird, sich die Hände zu waschen, und es dies ganz alleine tun kann. Das Benutzen eines Waschbeckens kann für ein Kind anfangs allerdings ziemlich schwierig sein. Beginnen Sie deshalb, so wie hier beschrieben, mit einer Schüssel Wasser.

Sie benötigen

- eine große Plastikschüssel
- ein Tablett
- ein Stück Seife in einer Seifenschale oder Flüssigseife im Spender
- einen mittelgroßen Krug mit warmem Wasser
- zwei Gästehandtücher

Wann wäscht man sich die Hände?

■ Sobald Ihr Kind gelernt hat, sich die Hände zu waschen, erklären Sie ihm, warum und wann wir uns die Hände waschen. Erinnern Sie Ihr Kind nach dem Gang zur Toilette, vor den Mahlzeiten und vor dem Kochen daran, sich die Hände zu waschen, bis es selbst daran denkt. Gehen Sie mit gutem Beispiel voran!

Praktische Fertigkeiten / 15

1 Stellen Sie die Schüssel auf das Tablett und legen Sie die anderen Gegenstände zu Ihrer Rechten (oder Linken, wenn Ihr Kind Linkshänder ist). Füllen Sie die Schüssel zur Hälfte mit Wasser.

2 Machen Sie Ihre Hände nass und reiben Sie die Hände langsam mit Seife ein, so dass Ihr Kind sehen kann, wie Sie Ihre Hände einseifen. Legen Sie die Seife zurück in die Seifenschale. Falls Sie Flüssigseife im Spender verwenden, erinnern Sie Ihr Kind daran, dass man nur ein oder zwei Spritzer braucht.

3 Spülen Sie Ihre Hände im Wasser. Trocken Sie die Hände mit einem Handtuch ab – auch dies tun Sie langsam, damit Ihr Kind sehen kann, dass Sie die Hände sorgfältig trocknen.

4 Fragen Sie Ihr Kind, während Sie das schmutzige Wasser gegen sauberes austauschen, warum das Wasser gewechselt werden muss, bevor es seine Hände wäscht. (Zeigen Sie ihm das schmutzige Wasser als Hinweis.) Fordern Sie nun Ihr Kind auf, das Händewaschen selbst zu probieren.

Zum Ausprobieren

Zeigen Sie Ihrem Kind, wie es sich die Hände im Waschbecken wäscht. Lassen Sie Ihr Kind auf einen Schemel steigen und zeigen Sie ihm dann die folgenden Schritte: den Stöpsel hineinstecken; den Wasserhahn aufdrehen (zu einem Viertel) und wieder zudrehen; die Wassertemperatur überprüfen; nach dem Händewaschen den Stöpsel herausziehen.

Zeigen Sie Ihrem Kind, wie es sich beim Husten die Hand vorhalten soll, und erklären Sie ihm, warum das wichtig ist.

Zähne putzen

Wenn es eine gute Angewohnheit gibt, die man früh lernen sollte, dann ist es das Zähneputzen. Bitten Sie Ihren Zahnarzt um Unterstützung. Er wird Ihnen helfen zu erklären, warum wir unsere Zähne reinigen müssen. Erläutern Sie, wann wir uns die Zähne putzen, einschließlich nach den Mahlzeiten und vor dem Schlafengehen. Nutzen Sie diese Gelegenheit, um Ihrem Kind zu erklären, warum wir Zahnbürsten und Handtücher nicht mit anderen gemeinsam benutzen.

1 Legen Sie die Materialien zurecht, wobei der Spiegel in der Mitte steht. Füllen Sie einen Becher zur Hälfte mit Wasser und stellen Sie ihn rechts von der Schüssel. Lassen Sie die Zahnbürste, den Becher und das Handtuch Ihres Kindes auf dem Tablett und stellen Sie es zunächst außer Reichweite.

2 Öffnen Sie den Deckel der Zahnpastatube und drücken Sie eine kleine Menge (maximal erbsengroß) heraus.

3 Reinigen Sie nun langsam Zähne und Zahnfleisch, während Sie in den Spiegel schauen. Das hilft Ihrem Kind zu verstehen, wie man einen Spiegel benutzt.

4 Spülen Sie Ihren Mund mit dem Wasser aus dem Becher. Mit dem übrigen Wasser reinigen Sie die Zahnbürste. Wischen Sie sich den Mund mit einem Handtuch ab.

5 Stellen Sie nun die Materialien für Ihr Kind bereit, und vergewissern Sie sich, dass diese genauso angeordnet sind wie vorher bei Ihnen.

Sie benötigen

- zwei Zahnbürsten
- eine große Plastikschüssel
- zwei Zahnputzbecher
- eine Tube Zahnpasta
- einen Gesichtsspiegel zum Aufstellen
- einen mittelgroßen Krug, gefüllt mit Wasser
- zwei Gästehandtücher
- ein Tablett

Zum Ausprobieren

Nehmen Sie Ihr Kind mit ans Waschbecken und wiederholen Sie die Übung dort. Halten Sie einen Schemel und einen Spiegel bereit, damit es das Waschbecken gut erreichen und den Vorgang mitverfolgen kann.

Praktische Fertigkeiten / 17

Haare bürsten

Jungen wie Mädchen sind gleichermaßen fasziniert von der Aufgabe, sich die Haare zu bürsten. Ich habe viele Kinder beobachtet, die ganz versunken in diese Aktivität waren – nicht aus Eitelkeit, sondern aufgrund der Befriedigung, diese Fertigkeit gemeistert zu haben, und aus Stolz auf ihr Erscheinungsbild.

Sie benötigen

- einen Gesichtsspiegel zum Aufstellen
- zwei Haarbürsten (eine für Sie, eine für Ihr Kind)

Zum Ausprobieren

Zeigen Sie Ihrem Kind, wie man mit einem breitzackigen Kamm sanft Knoten entfernt.

Zeigen Sie Ihrem Kind, wie es Kamm und Bürste reinigt, und erklären Sie, warum das nötig ist.

Demonstrieren Sie an einer Puppe, wie man einen Pferdeschwanz bindet.

Nehmen Sie eine Puppe, um Ihrem Kind vorzuführen, wie man langes Haar zu Zöpfen flicht.

1 Stellen Sie den Spiegel in die Mitte des Tisches. Legen Sie Ihre Bürste davor und die Ihres Kindes außer Reichweite.

2 Bürsten Sie Ihre Haare auf beiden Seiten mit langsamen, sanften Strichen. Verwenden Sie dabei den Spiegel und erklären Sie, was Sie gerade tun.

3 Stellen Sie den Spiegel so, dass Ihr Kind sich darin sehen kann, und legen Sie seine Bürste vor den Spiegel, damit es sich nun selbst im Bürsten versuchen kann.

Kleidungsstücke zusammenlegen

Bei dieser Übung beginnen Sie mit etwas Einfachem, nämlich dem Falten von Taschentüchern, und gehen dann zum Zusammenlegen von Kleidungsstücken über. Beim Aussuchen von Übungs-Kleidungsstücken für Ihr Kind wählen Sie am besten solche mit Nähten wie zum Beispiel ein Hemd oder einen Pullover, denn die Nähte dienen als Faltvorlage. Nutzen Sie die Gelegenheit, um zu erklären, warum wir unsere Anziehsachen zusammenlegen müssen und wo sie danach aufbewahrt werden. Sie können als Erinnerungshilfe auch entsprechende Bilder auf die verschiedenen Schubläden kleben.

1 Zeichnen Sie auf einem alten Stofftaschentuch eine Längs- und eine Querlinie ein. Legen Sie das Taschentuch und die zu faltenden Kleidungsstücke in den Korb.

2 Nehmen Sie das Taschentuch und legen Sie es glatt auf den Tisch. Falten Sie es entlang den Markierungen. Öffnen Sie es wieder und reichen Sie es Ihrem Kind zum Falten.

3 Wiederholen Sie die Übung, verwenden Sie jetzt dazu jedoch ein Taschentuch ohne Markierungen.

4 Gehen Sie nun zum Zusammenlegen von Kleidungsstücken über. Nehmen Sie jeweils nur ein Kleidungsstück. Legen Sie es nach Ihrer Methode zusammen, aber achten Sie darauf, konsequent zu bleiben, damit Ihr Kind Sie nachahmen kann. Wenn Sie zuerst den rechten Ärmel einschlagen, dann beginnen Sie immer mit rechts, ganz egal, ob Sie nun ein Hemd oder einen Pullover zusammenlegen.

Sie benötigen

- alte Stofftaschentücher
- einen roten Filzstift
- ein Lineal
- verschiedene Kleidungsstücke Ihres Kindes
- einen großen Wäschekorb zum Hineinlegen der Kleidung

Praktische Fertigkeiten / 19

Einen Mantel anziehen

Mit dieser Methode lernt Ihr Kind schnell und spielerisch, seinen Mantel selbst anzuziehen.

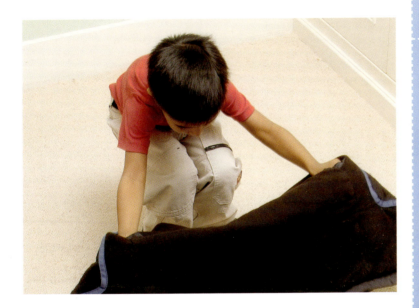

1. Legen Sie den Mantel mit der Innenseite nach oben auf den Boden. Bitten Sie Ihr Kind, sich vor das Halsende zu stellen.

2. Bitten Sie es, in die Hocke zu gehen und seine Arme in die Ärmel zu stecken.

3. Während des Aufstehens bitten Sie es, die Arme nach oben und über den Kopf zu schwingen, so dass es schließlich den Mantel anhat und seine Arme seitlich am Körper anliegen.

Zum Ausprobieren

Nehmen Sie die gewaschenen Socken der Familie (zu Beginn nicht mehr als vier Paar) und legen Sie diese auf den Tisch. Nehmen Sie von jedem Paar jeweils einen Socken und legen Sie diese in einer Reihe aus. Bitten Sie Ihr Kind nun, den jeweils dazugehörigen Socken zu finden und auf das passende Gegenstück zu legen. Sind alle Socken paarweise geordnet, zeigen Sie Ihrem Kind, wie man sie zusammenlegt.

Räumen Sie zusammengefaltete Kleidungsstücke in Schubladen und (Kleider-)Schränke. Üben Sie dies mit Ihrem Kind jedes Mal nach dem Wäschewaschen.

Nehmen Sie den Lieblingspullover Ihres Kindes und üben Sie mit ihm, die Ärmel auf rechts zu drehen. Versuchen Sie es dann mit ganzen Kleidungsstücken.

Hemden zuknöpfen

Ein Hemd zuzuknöpfen ist eine komplexe Angelegenheit, die wir in verschiedene, leicht zu bewältigende Abschnitte aufgeteilt haben, so dass Ihr Kind jeden Abschnitt problemlos begreifen kann. Eine der Hauptschwierigkeiten, die Kinder bei dieser Fertigkeit haben, besteht darin, sicherzugehen, dass die beiden Seiten des Hemdes bündig enden, so dass ihnen die Knopflöcher nicht ausgehen. Um dieses Problem zu umgehen, lernt das Kind, sein Hemd auf einem Tisch von unten nach oben zuzuknöpfen. So wird es dazu ermutigt, beim Zumachen eines Hemdes den untersten Knopf durch das unterste Knopfloch zu stecken, auch wenn es das Hemd bereits trägt.

Sie benötigen

- ein Hemd (oder eine Strickjacke) mit großen Knöpfen

Praktische Fertigkeiten / 21

1. Legen Sie das Hemd auf den Tisch, so dass Ihr Kind es gut sehen kann. Öffnen Sie das Hemd und schließen Sie es wieder, damit Ihr Kind mitbekommt, wie das Zu- und Aufknöpfen funktioniert. Beginnen Sie mit dem untersten Knopf und führen Sie ihn langsam durch das erste Loch.

2. Öffnen Sie dabei das Knopfloch so weit wie möglich. So kann Ihr Kind sehen, dass das Loch offen sein muss, damit der Knopf hindurchgleiten kann. Fahren Sie mit den restlichen Knöpfen fort und öffnen Sie sie anschließend wieder. Geben Sie das Hemd nun zum Üben Ihrem Kind.

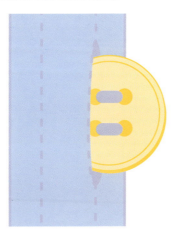

Einen Reißverschluss zumachen

Für Kinder ist das Zumachen von Reißverschlüssen spannend, aber äußerst knifflig. Vielleicht müssen Sie deshalb das untere Verschlussende festhalten.
- **Hosen:** Machen Sie erst den oberen Knopf, dann den Reißverschluss zu.
- **Kleider:** Halten Sie vor dem Schließen das Reißverschlussende fest.
- **Jacken:** Stecken Sie das linke Reißverschlussband in das untere Ende und halten Sie dieses mit der linken Hand gut fest, während Sie den Verschluss mit der rechten Hand zumachen. Ist Ihr Kind Linkshänder, ist dieses Vorgehen anfangs vielleicht schwierig; nehmen Sie sich genügend Zeit dafür.

Zum Ausprobieren

Üben Sie mit anderen Kleidungsstücken. Machen Sie jedes Kleidungsstück vor dem Zuknöpfen auf und zu. Arbeiten Sie dabei von unten nach oben. Gehen Sie dann zu Kleidungsstücken mit kleineren Knöpfen über.

Wählen Sie ein großes Kleidungsstück wie zum Beispiel ein Hemd oder eine Strickjacke für Erwachsene und zeigen Sie Ihrem Kind, wie man es am Körper zuknöpft.

Probieren Sie Gegenstände mit Druckknöpfen und anderen Verschlüssen aus.

Kann Ihr Kind ein Hemd oder eine Strickjacke anziehen, helfen Sie ihm zu lernen, wie man einen Pullover anzieht. Sie können dazu Ihre eigene Methode wählen, achten Sie jedoch darauf, dass es immer die gleiche ist.

Prüfen Sie, ob Ihr Kind Handschuhe und andere Kleidungsstücke selbstständig anziehen kann.

Schuhe anziehen

Tut sich Ihr Kind mit dem Schuheanziehen schwer, dann zeigen Sie es ihm, wenn es die Schuhe nicht trägt, so wie hier beschrieben. Auch ist das Binden von Schnürsenkeln für ein kleines Kind eine sehr schwierige Aufgabe. Beginnen Sie deshalb mit Klett- und anderen Verschlüssen, um das Selbstvertrauen zu stärken.

Sobald Ihr Kind diese Übungen gemeistert hat, drehen Sie die Schuhe um, so dass die Fersen in Richtung des Kindes zeigen. Jetzt kann es mit angezogenen Schuhen üben!

Rechter Schuh, linker Schuh

Bevor ein Kind das Schuheanziehen lernen kann, muss es in der Lage sein herauszufinden, welcher Schuh an welchen Fuß gehört. Hier einige Tipps, die ihm dabei helfen:
- Halten Sie Schuhe mit Klettverschluss an den Riemchen fest. Die Schuhe sollten Innenseite an Innenseite stehen und die Riemchen sich berühren.
- Bei Schnallenschuhen sollten die Schnallen außen am Schuh und nicht in der Mitte angebracht sein.
- Beschriften Sie Gummistiefel innen mit R und L.
- Warten Sie mit Schnürschuhen, bis Ihr Kind rechts von links sicher unterscheiden kann und mit anderen Verschlusstypen gut zurechtkommt.

Schuhe mit Klettverschluss

1. Bitten Sie Ihr Kind, die Schuhe mit den Zehenspitzen in Ihre Richtung auf den Tisch zu stellen. Legen Sie gegebenenfalls eine Matte darunter.
2. Nehmen Sie den rechten Schuh nach vorne, heben Sie die Riemchen an und platzieren Sie sie so, dass Ihr Kind sehen kann, dass die Riemchen zusammenpassen müssen, um zu halten. Legen Sie den rechten Schuh an seinen Platz zurück und wiederholen Sie den Vorgang mit dem linken Schuh.
3. Stellen Sie die Schuhe zum Üben für Ihr Kind auf den Tisch.

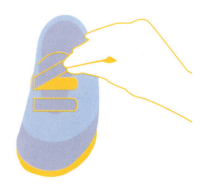

Schnallenschuhe

1. Bitten Sie Ihr Kind, die Schuhe mit den Zehenspitzen in Ihre Richtung auf den Tisch zu stellen. Sie beginnen mit dem rechten Schuh, heben das Riemchen an, ziehen es durch die Schnalle und dann nach oben.
2. Biegen Sie das Riemchen zurück, damit die Löcher zu sehen sind. Schieben Sie den Stift in das Loch und beenden Sie den Schließvorgang.
3. Wiederholen Sie den Vorgang mit dem linken Schuh, aber drehen Sie ihn um, so dass der Schuh mit der Ferse in Ihre Richtung zeigt. Öffnen Sie die Schuhe und stellen Sie sie zum Üben für Ihr Kind auf den Tisch.

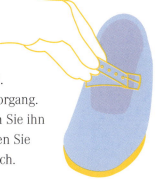

Schnürschuhe

1. Bitten Sie Ihr Kind, die Schuhe mit den Zehenspitzen in Ihre Richtung auf den Tisch zu stellen. Nehmen Sie den rechten Schuh und platzieren Sie die Schnürsenkel außen an den Seiten. Dann legen Sie beide Schnürsenkel überkreuz.
2. Nehmen Sie den rechten Schnürsenkel in die rechte Hand. Verknoten Sie die beiden Schnürsenkelenden über der Mitte der Schnürung und ziehen Sie die Enden stramm.
3. Nehmen Sie den linken Schnürsenkel mit der linken Hand und lassen Sie sie bis zur Mitte des Schnürsenkels nach unten gleiten. Nehmen Sie ihn zwischen Daumen und Zeigefinger und übergeben Sie ihn an die rechte Hand, während Ihre linke Hand den Schnürsenkel in der Mitte hält, um eine Schlaufe zu bilden.

4. Nehmen Sie den rechten Schnürsenkel in die rechte Hand. Schlingen Sie ihn über der Schnürung um die Schlaufe und ziehen Sie ihn fest, so dass eine Schleife entsteht.
5. Wiederholen Sie den Vorgang mit dem anderen Schuh. Binden Sie beide auf und geben Sie sie Ihrem Kind zum Üben.

Schuhe putzen

Alle Kinder lieben diese Beschäftigung, und die Kinder in meiner Klasse haben mir oft angeboten, meine Schuhe sauber zu machen. In ihrer Begeisterung haben sie nicht selten auch die Sohlen poliert und das Gehen damit für mich zu einer gefährlichen Angelegenheit gemacht! Beim Schuheputzen wird auch die Feinmotorik entwickelt und verfeinert.

Sie benötigen

- eine Dose farbneutrale Schuhpolitur
- ein kleines Gefäß für eine Portion Schuhcreme
- ein Tafelmesser
- eine Plastikmatte
- Kinderschuhe aus Leder
- eine kleine Schuhbürste
- einen kleinen Lappen
- ein Tablett

Praktische Fertigkeiten / 25

1. Bevor Sie Ihr Kind bitten, sich hinzusetzen, geben Sie eine kleine Portion Schuhcreme in das Gefäß. (So stellen Sie sicher, dass nicht zu viel Schuhcreme verwendet wird.) Breiten Sie die Matte auf dem Tablett aus und stellen Sie die Schuhe, das Gefäß mit der Schuhcreme, die Bürste und den Lappen darauf.

2. Nehmen Sie den Lappen, geben Sie etwas Schuhcreme darauf und tragen Sie diese auf einen der Schuhe auf. Verteilen Sie die Schuhcreme gleichmäßig über die gesamte Oberfläche.

3. Legen Sie den Lappen zurück auf das Tablett und nehmen Sie die Bürste zur Hand. Polieren Sie den Schuh mit entsprechenden Bewegungen blank.

4. Nach der Übung können Sie Ihr Kind fragen, warum wir uns die Schuhe putzen und weshalb wir sie auf eine Matte stellen müssen. Ist es sich nicht sicher, geben Sie ihm einen Hinweis, indem Sie ihm die Sohlen seiner Schuhe zeigen.

Zum Ausprobieren

Versuchen Sie es mit derselben Aktivität, aber polieren Sie stattdessen kleine Holzgegenstände mit Möbelpolitur.

Zeigen Sie Ihrem Kind, wie es einen niedrigen Holztisch poliert.

ACHTUNG ! Ihr Kind darf Schuhcreme nur unter Aufsicht verwenden. Bei Verzehr kann sie akute Magenprobleme verursachen.

Eingießen und einschütten

Halten Sie kurz inne und denken Sie einmal darüber nach, wie oft am Tag Sie etwas einschenken, -gießen oder -schütten. Für einen Erwachsenen ist diese unkomplizierte Bewegung einfach, einem Kind aber fordert das Erlernen dieser Fertigkeit äußerste Konzentration und ein Höchstmaß an Hand-Augen-Koordination ab. Eine tolle Art und Weise, wie Ihr Kind diese Fertigkeit erlernen kann, besteht darin, Bohnen von einem großen Plastikkrug in einen anderen zu schütten. Sobald es diese Aufgabe sicher meistert, versuchen Sie es mit anderen Lebensmitteln.

Sie benötigen

- zwei Plastikkrüge
- ein Päckchen getrocknete Bohnen oder Linsen
- ein Tablett

Praktische Fertigkeiten / 27

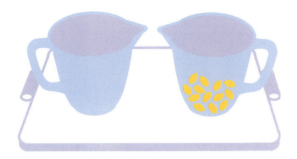

Zum Ausprobieren

Ersetzen Sie die Bohnen durch feinkörnigere Lebensmittel wie Reis oder Zucker.

Verwenden Sie für dieselbe Aktivität Wasser, dem Sie etwas Speisefarbe zusetzen. (Sie benötigen zusätzlich einen Lappen.)

Anstelle von Krug zu Krug zu gießen, gießen Sie von einem Krug in Tassen.

Kaufen Sie ein Set Spielzeuggeschirr und verwenden Sie Bohnen, Linsen etc.

Geben Sie Ihrem Kind einen zur Hälfte mit Wasser gefüllten Krug und lassen Sie es am Abendbrottisch das Wasser in Gläser füllen.

1. Stellen Sie die Krüge auf das Tablett, wobei der Schnabel jeweils nach innen und der Griff nach außen zeigt. Füllen Sie den rechten Krug zu einem Drittel mit Bohnen oder Linsen.

2. Heben Sie den rechten Krug mit der rechten Hand hoch und stützen ihn, wie abgebildet, mit der linken Hand.

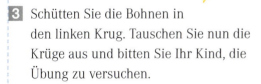

3. Schütten Sie die Bohnen in den linken Krug. Tauschen Sie nun die Krüge aus und bitten Sie Ihr Kind, die Übung zu versuchen.

Umgießen und umschütten

Aktivitäten, die das Umschütten von Lebensmitteln beinhalten, wie zum Beispiel das Schöpfen oder Gießen, fördern die Entwicklung der Muskelkoordination, was beim Essen selbst, beim Verteilen sowie beim Kochen hilft. Diese Aktivitäten bereiten die Muskeln auch auf die komplexe Aufgabe des Schreibens vor. Wie auch beim Eingießen und Einschütten beginnen wir mit grobkörnigen Esswaren und gehen dann zu feineren über.

Sie benötigen

- zwei kleine, flache Töpfe
- einen Teelöffel
- ein kleines Tablett
- Reis, um einen Topf zur Hälfte damit zu füllen

Praktische Fertigkeiten / 29

1 Stellen Sie die beiden Töpfe auf das Tablett und platzieren Sie den Löffel auf der rechten Seite. Geben Sie den Reis in den linken Topf.

Zum Ausprobieren

Stellen Sie zwei leere Töpfe bereit: einen zu jeder Seite des Reistopfes. Zeigen Sie Ihrem Kind, wie man den Reis abwechselnd in den einen und den anderen leeren Topf befördert.

Ersetzen Sie den Reis durch Zucker oder Mehl.

2 Nehmen Sie den Löffel und beginnen Sie, den Reis vom linken in den rechten Topf umzufüllen, bis der Topf leer ist.

3 Tauschen Sie die Töpfe aus, so dass der Topf mit dem Reis wieder zu Ihrer Linken steht. Der Löffel ist wieder rechts plaziert. Übergeben Sie das Tablett Ihrem Kind, damit es die Übung ausprobieren kann.

Tipp
- Arbeiten Sie immer von links nach rechts. So bereiten Sie Ihr Kind auf das Lesen vor.
- Wenn Sie bei dieser Übung sehr sorgfältig vorgehen, wird Ihr Kind es Ihnen gleichtun.
- Ist Ihr Kind Linkshänder, nehmen Sie den Löffel in die linke Hand.

Tisch decken

Mit dieser Methode bringen Sie Ihrem Kind im Handumdrehen bei, wie man den Tisch deckt. Sie benutzen dazu ein Blatt Papier, auf dem die Umrisse eines Gedecks aufgezeichnet sind. So lernt Ihr Kind, an welchen Platz Teller und Besteck gehören. Hat es sich diese Fertigkeit angeeignet, könnte das Tischdecken zu seiner festen Aufgabe in der Familie werden. Viele Kinder finden auch Gefallen daran, wenn man ihnen zeigt, wie sie eine Serviette kunstvoll falten können. Abgesehen vom praktischen Nutzen werden dadurch die Fertigkeit des Faltens sowie das Greifen trainiert.

Sie benötigen

- einen kleinen Teller, der auf das Blatt Papier passt
- ein festes Blatt A4-Papier
- einen Bleistift
- einen schwarzen Filzstift
- ein Tafelmesser
- eine Gabel
- einen Dessertlöffel
- ein Tablett

Bevor Sie Ihr Kind bitten, sich hinzusetzen, stellen Sie den Teller in die Mitte des Papiers und zeichnen Sie seine Konturen mit dem Bleistift nach. Das Gleiche tun Sie mit dem Besteck, so dass die Umrisse eines Gedecks auf dem Papier entstehen. Zeichnen Sie die Linien mit dem Filzstift nach, damit sie gut sichtbar sind.

Praktische Fertigkeiten / 31

1 Legen Sie das Blatt Papier zusammen mit dem Besteck und dem Teller auf ein Tablett. Bitten Sie Ihr Kind, das Tablett an den Tisch zu bringen und es vor sich in die Mitte zu stellen. Nehmen Sie das Papier und legen Sie es vor das Tablett.

2 Sagen Sie zu Ihrem Kind: »Ich stelle den Teller jetzt auf den Papierteller.« Fahren Sie mit einem Finger am Tellerrand entlang und wiederholen Sie diesen Vorgang auf der Papierumriss, so dass Ihr Kind sieht, dass die Form dieselbe ist.

3 Sagen Sie zu Ihrem Kind: »Kannst du zu den Umrissen auf dem Papier die passenden Besteckteile finden?« Verteilen Sie das Besteck auf dem Tablett, so dass es jedes Teil sehen kann. Ermutigen Sie es, die Gegenstände auf den passenden Papierumriss zu legen.

Zum Ausprobieren

Ergänzen Sie das Gedeck um weitere Gegenstände wie ein Glas oder einen Suppenlöffel und zeichnen Sie die Umrisse ein.

Hat Ihr Kind einige Sicherheit im Tischdecken erlangt, dann lassen Sie es das Gedeck neben der Papiervorlage auflegen. Der nächste Schritt besteht dann darin, das Blatt umzudrehen und es außerhalb seiner Reichweite aufzubewahren. Hat es das Gedeck vollständig aufgelegt, kann es nachsehen, ob alles am richtigen Platz ist.

Lernen, etwas zu klammern

Diese Aktivität ist eine der einfachsten Möglichkeiten, um ein Kind bei der Entwicklung seiner Muskelkoordination zu unterstützen. Bereits die Kleinsten können das lernen. Sobald sich Ihr Kind diese Fertigkeit mithilfe von handelsüblichen Wäscheklammern angeeignet hat, kann es mit Mini- oder Spielzeugklammern üben.

Haben Sie sich gerade Wäscheklammern gekauft, dann benutzen Sie diese zuerst einige Male, damit die Federn nicht mehr so straff sind.

Sie benötigen

- ein Körbchen mit Wäscheklammern

Praktische Fertigkeiten / 33

ACHTUNG ⚠️ Erklären Sie Ihrem Kind, dass Wäscheklammern kein Spielzeug sind und dass man sie nicht an den Fingern verwenden sollte, weil das wehtun kann.

1 Sie haben das Körbchen vor sich und beginnen, die Wäscheklammern langsam rund um den Korbrand zu klammern.

2 Demonstrieren Sie, wie man die Klammer öffnet und schließt, damit Ihr Kind versteht, dass die Wäscheklammer ganz geöffnet sein muss, um sie am Korb befestigen und auch wieder abnehmen zu können.

Zum Ausprobieren

Wenn Sie das nächste Mal Wäsche aufhängen, geben Sie Ihrem Kind einige kleine Kleidungsstücke zum Aufhängen.

3 Haben Sie etwa fünf Wäscheklammern angebracht, geben Sie den Korb Ihrem Kind zum Weitermachen.

4 Sobald es diese Aufgabe beendet hat, zeigen Sie ihm, wie es die Wäscheklammern wieder abnimmt und zurück in den Korb legt.

Eine Zange benutzen

Kinder können dieser Beschäftigung viel abgewinnen, da sie ihrer Freude am Sortieren und Ordnen entgegenkommt. Das Hauptaugenmerk liegt bei dieser Tätigkeit auf dem Vorgang des Öffnens und Schließens. Dabei beginnen wir mit größeren Zangen und verleihen dem Handlungsablauf später durch das Benutzen einer Pinzette mehr Schliff. Sobald Ihr Kind diese Übung beherrscht, können Sie diese weiterentwickeln, indem Sie das Kind bitten, die Gegenstände nach Farbe und Form zu sortieren.

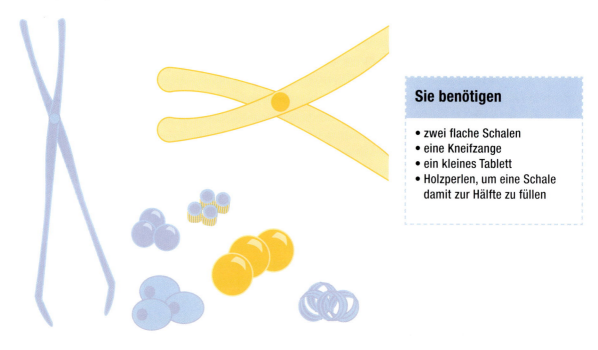

Sie benötigen

- zwei flache Schalen
- eine Kneifzange
- ein kleines Tablett
- Holzperlen, um eine Schale damit zur Hälfte zu füllen

Tipp

■ Demonstrieren Sie das Öffnen und Schließen der Zange besonders deutlich, so dass Ihr Kind versteht, dass die Perlen durch diese Bewegung aufgenommen und befördert werden.

■ Arbeiten Sie immer von links nach rechts (oder von rechts nach links, wenn Ihr Kind Linkshänder ist). Ist Ihr Kind Linkshänder, halten Sie die Zange in der linken Hand.

Praktische Fertigkeiten / 35

1 Platzieren Sie die Schalen nebeneinander auf dem Tablett und die Zange zu Ihrer Rechten. Füllen Sie die linke Schale zur Hälfte mit den Perlen.

> **Zum Ausprobieren**
>
> Versuchen Sie die Übung mit zwei oder mehr leeren Schalen. Zeigen Sie Ihrem Kind, wie es die Kugeln zwischen den Schalen hin- und herbefördert.
>
> Wiederholen Sie die Übung, aber halten Sie Ihr Kind dieses Mal dazu an, die Gegenstände nach Farbe und/oder Form zu sortieren.
>
> Eine echte Herausforderung: Benutzen Sie eine Pinzette, um Trockenerbsen von einem Eierbecher zum nächsten zu befördern.

2 Benutzen Sie die Zange (sie kann von oben oder unten gehalten werden), um die Perlen von links nach rechts zu befördern, bis die Schale leer ist.

3 Tauschen Sie die Schalen aus, so dass die Schale mit den Perlen wieder auf der linken Seite steht. Übergeben Sie das Tablett an Ihr Kind, um die Übung selbst zu versuchen.

ACHTUNG ⚠ Behalten Sie Ihr Kind stets im Auge, da beim Verschlucken von kleinen Perlen Erstickungsgefahr droht oder die Kinder sie in Nase oder Ohren stecken können.

Gegenstände öffnen und schließen

Als Kind war eines meiner Lieblingsspielzeuge ein Miniatur-Spielzeugsafe mit einem Zahlenschloss, dessen Code nur ich kannte. Kinder, die ich heute unterrichte, sind genauso neugierig auf das Öffnen und Schließen von Gegenständen, angefangen vom Aufdrehen eines Marmeladenglasdeckels bis zum Herumdrehen eines Schlüssels in einem Schloss. Diese Übung befriedigt die kindliche Neugier beim Öffnen von Gläsern und Flaschen und später beim Zusammenfügen von Schrauben und Muttern, was die Drehbewegung weiter verfeinert.

Wählen Sie eine breite Palette an Gläsern und Flaschen aus, damit Ihr Kind die unterschiedlich großen Öffnungen und Deckel deutlich sehen kann.

Sie benötigen

- sechs oder mehr kleine Flaschen und Gläser (zum Beispiel Saftfläschchen und Marmeladengläser)
- einen Korb zum Aufbewahren der Gläser und Flaschen

Praktische Fertigkeiten / 37

| **ACHTUNG** !| Machen Sie Ihrem Kind klar, dass die Flaschen und Gläser im Korb zum Üben gedacht sind, andere Flaschen aber bis auf weiteres tabu sind. |

Zum Ausprobieren

Verwenden Sie verschiedene Schachteln, um zu zeigen, wie man diese öffnet und schließt.

Benutzen Sie zum Vorführen einer verfeinerten Drehbewegung große, lose Schrauben und Muttern. Achtung: Beaufsichtigen Sie Ihr Kind dabei sorgfältig!

Zeigen Sie Ihrem Kind verschiedene Vorhängeschlösser und Schüssel und erklären Sie deren Verwendungszweck.

Kinder sind von Schlüsseln fasziniert. Erläutern Sie, dass es gefährlich ist, sich selbst oder andere einzusperren.

1 Nehmen Sie die Gläser und Flaschen aus dem Korb. Öffnen Sie alle Deckel und platzieren Sie diese nach dem Zufallsprinzip ordentlich in einer Reihe vor den Gläsern und Flaschen.

2 Wählen Sie einen Deckel aus und gehen Sie die Reihe von links nach rechts durch, um das passende Glas oder die passende Flasche ausfindig zu machen. Haben Sie das passende Pendant gefunden, schließen Sie das Gefäß und betonen dabei die Drehbewegung.

3 Wiederholen Sie den Vorgang, bis Sie die Hälfte der Gläser und Flaschen verschlossen haben, und bitten Sie dann Ihr Kind, den Rest zu übernehmen.

4 Hat es die Aufgabe erledigt, zeigen Sie ihm, wie man die Deckel aufschraubt. Demonstrieren Sie die unterschiedlichen Drehbewegungen zum Öffnen und Schließen ganz genau. Zum Schluss legen Sie alles zurück in den Korb.

Knöpfe auffädeln

Auffädeln ist für alle Kinder eine reizvolle Angelegenheit und eignet sich hervorragend zur Förderung der Muskelentwicklung sowie der Hand-Augen-Koordination. Die Übungen beginnen mit großen Knöpfen mit entsprechend großen Löchern und werden dann immer anspruchsvoller, bis hin zu kleinen Knöpfen und Perlen. Sobald Ihr Kind diese Fertigkeit beherrscht, kann es sie beim Basteln von Schmuck und zahlreichen anderen handwerklichen Aktivitäten einsetzen.

Sie benötigen

- verschieden große Knöpfe mit großen Löchern
- einen Schnürsenkel oder ein Stück Schnur
- ein Gefäß zum Aufbewahren

Praktische Fertigkeiten / 39

ACHTUNG ❗ Behalten Sie Ihr Kind stets im Auge, da beim Verschlucken von Knöpfen und Perlen Erstickungsgefahr besteht oder die Kinder sie in Nase oder Ohren stecken können.

1. Legen Sie die Knöpfe und den Schnürsenkel beziehungsweise das Stück Schnur in den Behälter.

2. Nehmen Sie den Schnürsenkel aus der Schachtel. Zeigen und erklären Sie Ihrem Kind, dass Sie das Ende des Schnürsenkels verknoten müssen, damit die Knöpfe nicht wieder herunterrutschen.

3. Fädeln Sie die Knöpfe nacheinander auf, bis der Schnürsenkel voll ist. Zeigen Sie deutlich, wie Sie das Schnürsenkelende durch das Loch führen, sodass Ihr Kind versteht, was geschehen muss, damit der Knopf den Schnürsenkel hinunterrutscht.

4. Fädeln Sie etwa sechs Knöpfe auf und wieder ab, um sie dann zusammen mit dem Schnürsenkel zurück in den Behälter zu legen.

5. Reichen Sie den Behälter an Ihr Kind weiter, damit es die Übung selbst versuchen kann. Hat Ihr Kind den Auffädelvorgang beendet, möchte es vielleicht, dass Sie den Schnürsenkel zusammenknoten, um daraus eine Kette zu machen.

Zum Ausprobieren

Ersetzen Sie die Knöpfe durch Perlen, wobei Sie mit großen Perlen beginnen und dann zu kleineren übergehen.

Versuchen Sie es einmal mit Nudeln, die Sie nach dem Auffädeln färben.

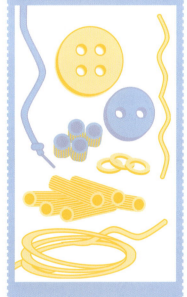

Weben mit Papierstreifen

Diese Aktivität bereitet Ihr Kind hervorragend auf das Nähen vor, denn dabei kommen die gleichen Bewegungen zum Einsatz. Durch das Verwenden verschiedenfarbiger Papierstreifen wird das Webmuster hervorgehoben. Ist das Deckchen fertig, erinnert sich Ihr Kind beim Betrachten an den Webvorgang. Hängen Sie das vollendete Werk an einem gut sichtbaren Platz auf, damit Ihr Kind es immer wieder betrachten kann.

Sie benötigen

- einen Bogen festes weißes Papier (20 x 20 cm)
- vier oder mehr Streifen aus festem, farbigem Papier (20 x 2 cm)
- eine Schere
- einen kleinen Behälter
- ein Lineal
- einen Bleistift

Bevor Sie diese Übung mit Ihrem Kind machen, markieren Sie auf dem gesamten Bogen einen zwei Zentimeter breiten Rand. Schneiden Sie nun, beginnend am linken Rand, einen zwei Zentimeter breiten Streifen vom oberen bis zum unteren Rand heraus. Arbeiten Sie sich weiter vor und schneiden Sie jeden zweiten Streifen heraus, so dass ein Webrahmen entsteht. Legen Sie die farbigen Papierstreifen in den Behälter.

Praktische Fertigkeiten / 41

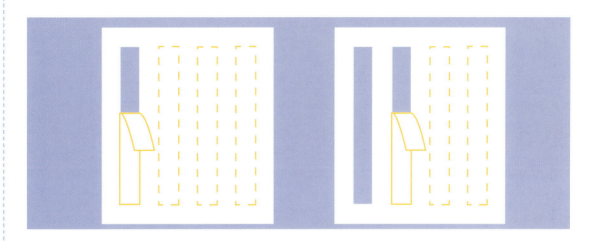

1 Nehmen Sie einen Papierstreifen und beginnen Sie, ihn von links nach rechts in die Papierbalken einzuweben, bis Sie das Ende erreichen.

2 Weben Sie zwei Papierstreifen ein und bitten Sie dann Ihr Kind, den Rest zu übernehmen. Möchte Ihr Kind den Vorgang wiederholen, ziehen Sie die Papierstreifen vorsichtig heraus.

Tipp
- Wählen Sie für die Papierstreifen zwei kontrastierende Farben, damit Ihr Kind das Webmuster deutlich erkennen kann.
- Schoppen Sie die Papierstreifen beim Weben so weit wie möglich nach oben, damit sie in einer möglichst geraden Linie verlaufen.

Karten nähen

Bei der letzten Aktivität wurde Papier verwoben. Bei dieser Übung lernt Ihr Kind nun das Nähen, wobei es dazu einen Schnürsenkel durch die vorgefertigten Löcher rund um die Figuren von Nähkarten führt. Sobald es diese Fertigkeit beherrscht, kann Ihr Kind sich am Nähen mit einer Nadel versuchen. Am besten eignet sich dazu Stickleinen mit einer relativ groben Fadenstruktur. Nähen ist eine hervorragende Übung, um die Hand-Augen-Koordination zu entwickeln.

Sie benötigen

- ein Stück Pappe (20 x 20 cm)
- eine Schere
- einen Bleistift
- einen Schnürsenkel oder ein Stück Schnur
- Filzstifte
- ein kleines Tablett

Praktische Fertigkeiten / 43

ACHTUNG ❗ Ihr Kind sollte fünf Jahre oder älter sein, bevor es eine Nähnadel verwendet. Beaufsichtigen Sie Ihr Kind dabei immer gut.

1. Bevor Sie sich mit Ihrem Kind zum Üben hinsetzen, zeichnen Sie den Umriss eines Tieres (so groß wie möglich) auf Pappe.

2. Schneiden Sie die Figur aus und zeichnen Sie mit Bleistift Punkte für die Löcher im Abstand von je zwei Zentimetern ein. Schneiden Sie die Löcher groß genug aus, damit der Schnürsenkel oder die Schnur leicht hindurchpassen.

3. Bitten Sie Ihr Kind, die Karte anzumalen und auch das Gesicht und die Körperstrukturen des Tieres einzuzeichnen. Legen Sie die Nähkarte zusammen mit dem Schnürsenkel oder der Schnur auf ein Tablett.

4. Zeigen Sie Ihrem Kind, was passiert, wenn es das eine Ende des Schnürsenkels nicht mit einem Knoten versieht. Machen Sie dann einen Knoten in den Schnürsenkel.

5. Nehmen Sie den Schnürsenkel in die Hand und beginnen Sie mit dem Nähen. Fangen Sie über der Karte an und führen Sie den Schnürsenkel dann nach unten. Anschließend führen Sie ihn durch das nächste Loch wieder nach oben.

6. Umrunden Sie die Figur etwa zur Hälfte und bitten Sie dann Ihr Kind, sie fertigzustellen. Möchte Ihr Kind die Übung wiederholen, entfernen Sie den Schnürsenkel vorsichtig.

Zum Ausprobieren

Basteln Sie mit Ihrem Kind einen Satz Nähkarten mit Tiermotiven.

Verwenden Sie grobes Stickleinen, das in den meisten Stoff- und Handarbeitsgeschäften erhältlich ist. Aufgrund seiner Struktur eignet es sich am besten, um zu lernen, wie man eine Nähnadel handhabt. Zeigen Sie Ihrem Kind auch, wie man Stick- oder Stopfnadeln benutzt.

Probieren Sie mit Ihrem Kind Farbgarne und Stiche wie den Heft- oder Kreuzstich aus.

Tipp
- Beginnen Sie stets von oben nach unten und führen Sie den Schnürsenkel durch das nächste Loch wieder nach oben.
- Vergewissern Sie sich, dass der Schnürsenkel lang genug ist und für die gesamte Karte ausreicht.

Schneiden mit der Schere

Die meisten Kinder finden es relativ einfach, einen Papierstreifen entzweizuschneiden. Etwas vorsichtig und kontrolliert zu zerschneiden ist da jedoch schon etwas anderes. Bei dieser Übung lernt Ihr Kind, mit einer Schere sorgfältig an einer markierten geraden Linie entlangzuschneiden und das Papier beim Schneiden weiterzuschieben. Dann wird zum Schneiden schwierigerer Linien übergegangen und schließlich dazu, Schere und Papier in verschiedene Richtungen zu bewegen.

Sie benötigen

- eine Schere (passend für die Handgröße Ihres Kindes und für Linkshänder, falls Ihr Kind Linkshänder ist)
- ein Lineal
- ein A4-Blatt festes Papier
- einen Behälter zum Aufbewahren der Streifen
- einen Filzstift

So geht man mit einer Schere um

■ Vor dem Schneiden müssen Kinder lernen, wie man mit einer Schere sicher umgeht. Zeigen Sie Ihrem Kind, dass man beim Tragen die geschlossenen Klingen mit der ganzen Hand umfasst. Führen Sie ihm vor, wie es die Schere richtig an jemand anderen weitergibt.

Praktische Fertigkeiten / 45

| ACHTUNG | ! | Bei allen Aktivitäten mit einer Schere müssen Sie gut auf Ihr Kind aufpassen. Erklären Sie ihm die damit verbundenen Gefahren. Verwendet Ihr Kind die Schere unangemessen, dann nehmen Sie sie ihm weg und probieren es später noch einmal. |

Zum Ausprobieren

Vom Schneiden gerader Linien kann Ihr Kind übergehen zu Wellen- und Zickzacklinien sowie zu Linien, die den Zinnen einer Burg nachempfunden sind.

Verwenden Sie zum Ausschneiden Tier- oder Fahrzeugschablonen.

Basteln Sie Papierketten. Falten Sie einen Papierstreifen wie eine Ziehharmonika und malen Sie ein Männchen darauf. Passen Sie auf, dass Hände und Füße die Ränder berühren. Bitten Sie Ihr Kind, die Figur auszuschneiden, ohne jedoch die Faltkanten an Händen und Füßen wegzuschneiden.

1 Bevor Sie Ihr Kind bitten, sich an den Tisch zu setzen, zerteilen Sie das Papier der Breite nach in fünf Streifen. Versehen Sie jeden Streifen mit einer geraden Mittellinie. Dazu verwenden Sie Filzstift und Lineal. Legen Sie die Streifen zusammen mit der Schere in den Behälter.

2 Nehmen Sie die Schere und zeigen Sie Ihrem Kind, wie es die Schere richtig hält. (Aufgrund seiner kleineren Hand greift es vielleicht lieber mit zwei Fingern in das Fingerloch.) Führen Sie Ihrem Kind die Bewegungen zum Öffnen und Schließen der Schere vor.

3 Wählen Sie einen Papierstreifen aus und nehmen Sie ihn in die Hand. Schneiden Sie langsam an der Markierungslinie entlang.

4 Schieben Sie das Papier dabei immer weiter, damit Ihr Kind versteht, wie dies den Schneidevorgang unterstützt. Stellen Sie das Öffnen und Schließen übertrieben dar, damit Ihr Kind sieht, dass diese Bewegungen nötig sind, um das Papier zu zerschneiden. Schneiden Sie einen weiteren Streifen durch.

5 Legen Sie die Schere zurück in den Behälter und übergeben Sie diesen Ihrem Kind. Bitten Sie Ihr Kind, die restlichen Streifen zu zerschneiden.

Die Sinne schulen

Kleine Kinder haben geschärfte Sinne und nutzen sie auch, um ihr Wissen ständig zu erweitern. Sämtliche Aktivitäten in diesem Kapitel helfen nicht nur, alle fünf Sinne anzuregen, sondern führen auch neue Begriffe samt Inhalt ein. Die Sinne werden so zu einem natürlichen Lehrinstrument und tragen dazu bei, dass Ihr Kind sich voll und ganz in die Übungen einbringt.

Als Erwachsene neigen wir dazu, hauptsächlich unser Sehvermögen und unser Gehör einzusetzen. Versuchen Sie deshalb beim Präsentieren dieser Übungen, so wie Ihr Kind, alle Sinne zu verwenden. Auf diese Weise werden Sie den Wert der Übungen für die Entwicklung Ihres Kindes besser zu schätzen wissen.

Rau und glatt

Bei dieser sehr einfachen Übung verwenden Sie unterschiedlich raues Sandpapier, um Ihr Kind mit den Begriffen »rau« und »glatt« vertraut zu machen. Sandpapier eignet sich hervorragend dazu, den Tastsinn zu stimulieren und die strukturellen Unterschiede von rau und glatt zu vermitteln. Vor Beginn der Aktivität sollte sich Ihr Kind die Hände waschen, um seine Finger zu sensibilisieren.

Sie benötigen

- einen Bogen raues Sandpapier
- einen Bogen feines Sandpapier
- einen Behälter oder Korb

Schneiden Sie jeden Bogen Sandpapier in etwa sechs Stücke und legen Sie diese in den Behälter oder Korb.

1 Bitten Sie Ihr Kind, sich so hinzusetzen, dass es den Vorgang mitverfolgen kann, und stellen Sie den Korb vor sich auf den Tisch. Nehmen Sie die Sandpapierstücke heraus und legen Sie diese in einer Reihe vor den Korb.

2 Sagen Sie zu Ihrem Kind: »Ich fühle jetzt das Sandpapier und finde heraus, ob es rau oder glatt ist.«

Tipp

■ Arbeiten Sie immer von links nach rechts, auch wenn Ihr Kind Linkshänder ist. So bereiten Sie Ihr Kind auf das Lesen vor.

■ Verwenden Sie nur die Wörter »rau« und »glatt«, nicht »das Raueste« oder »das Glatteste« etc. So wird Ihr Kind nicht verwirrt.

3 Beginnen Sie links und berühren Sie die Gegenstände in der Reihe nur mit den Spitzen von Zeige- und Mittelfinger. Finden Sie ein raues Stück, sagen Sie das Wort »rau«. Legen Sie es zu Ihrer Linken ab.

4 Kehren Sie zur Reihe zurück und finden Sie ein Stück glattes Sandpapier. Sobald Sie eines aufgespürt haben, sagen Sie das Wort »glatt«. Legen Sie das glatte Stück Sandpapier zu Ihrer Rechten ab.

5 Übergeben Sie die beiden Stücke Ihrem Kind und bitten Sie es, so wie Sie mit den Fingerspitzen darüber zu streichen. Hat es die Oberflächen ertastet, soll es diese noch einmal berühren. Dieses Mal sagen Sie dazu »rau« oder »glatt« und bitten Ihr Kind, die Worte zu wiederholen.

6 Nun nehmen Sie die Sandpapierstücke und legen sie vor sich hin. Sortieren Sie die übrigen Stücke in Stapel mit rauem und glattem Sandpapier. Sagen Sie die Worte »rau« oder »glatt« beim Ertasten eines jeden Stückes.

7 Legen Sie die Sandpapierstücke ungeordnet zurück in den Behälter und bitten Sie Ihr Kind, das Sandpapier zu sortieren.

Zum Ausprobieren

Verwenden Sie zwei weitere Sandpapiere – zum Beispiel sehr rau und sehr glatt. Wiederholen Sie die Aktivität, aber sagen Sie: »Ich versuche jetzt das raueste Stück zu ertasten.« Wenn Sie es gefunden haben, sagen Sie: »Das ist das raueste Stück Sandpapier«, und legen es zur Seite. Wiederholen Sie den Vorgang und erspüren Sie das glatteste Stück. Sobald Sie es gefunden haben, legen Sie es rechts neben das erste Stück. Fahren Sie fort, bis Sie eine Reihe mit zunehmend rauerem Sandpapier vor sich liegen haben, und bitte Sie Ihr Kind dann, die Übung selbst zu versuchen.

Kommt Ihr Kind gut mit dieser Übung zurecht, erhöhen Sie Zahl der Sandpapierstücke auf acht.

Wortschatz

■ Nutzen Sie jede Gelegenheit, um raue oder glatte Oberflächen aufzuspüren; animieren Sie Ihr Kind dann, diese zu ertasten. Sagen Sie zum Beispiel: »Ob die Rinde von diesem Baum wohl rau oder glatt ist?«, oder: »Ob das Blatt wohl rau oder glatt ist?«, und: »Ob wohl das Blatt oder die Rinde glatter (rauer) ist?«.

Hart und weich

Ihr Kind muss lernen, aus welchem Material ein Gegenstand gemacht ist und wie er sich anfühlt. Sobald es eine Vorstellung davon hat, hat es auch gelernt, dass die Gegenstände, die beim Berühren nachgeben, weich sind und die, die dem Druck widerstehen, hart. Wie auch bei der vorangegangenen Übung beginnen Sie mit zwei unterschiedlichen Gegenständen und fügen weitere hinzu, sobald Ihr Kind den Unterschied erfasst hat. Deshalb ist es wichtig, dass Sie die einzelnen Schritte auch wirklich in der vorgegebenen Reihenfolge durchführen.

Sie benötigen

- sechs bis acht kleine Gegenstände, die hart oder weich sind, wie zum Beispiel Murmeln, Holz, Knetmasse
- einen Behälter oder Korb zum Aufbewahren der Gegenstände

Tipp
- Wählen Sie Gegenstände, die sich deutlich voneinander unterscheiden, so dass Ihr Kind den Unterschied klar spüren kann.
- Drücken Sie mit Ihren Fingern fest auf die Gegenstände, damit Ihr Kind begreift, dass weiche Objekte beim Berühren nachgeben.

Die Sinne schulen / 51

1 Stellen Sie den Korb vor sich auf den Tisch. Ihr Kind sitzt so, dass es alles gut sehen kann. Nehmen Sie einen harten Gegenstand aus dem Korb und legen Sie ihn links von sich. Dann nehmen Sie einen weichen Gegenstand und legen ihn rechts von sich.

2 Drücken Sie Ihre Fingerspitzen in den harten Gegenstand und sagen Sie das Wort »hart«. Wiederholen Sie den Vorgang mit dem weichen Gegenstand und sagen Sie dabei das Wort »weich«.

3 Übergeben Sie die beiden Gegenstände Ihrem Kind und bitten Sie es, die Oberflächen so wie Sie zu ertasten.

4 Lassen Sie es die Oberflächen ein weiteres Mal berühren. Diesmal sagen Sie die Wörter »hart« und »weich«.

5 Bitten Sie Ihr Kind, die übrigen Gegenstände in die Kategorien hart und weich zu sortieren.

Zum Ausprobieren

Zeigen Sie Ihrem Kind, wie man Gegenstände nach Ihrem Härtegrad einstuft.

Verwenden Sie eine Augenbinde, damit Ihr Kind die Gegenstände ausschließlich durch Tasten einstuft. Wenn Sie Ihrem Kind zeigen, wie das geht, sagen Sie: »Ich ertaste jetzt den härtesten Gegenstand«, und platzieren diesen zu Ihrer Linken. Dann sagen Sie: »Ich ertaste jetzt den weichsten Gegenstand«, und fahren damit fort, die anderen Gegenstände in der Reihe zu vergleichen, bis Sie alle eingestuft haben.

Erhöhen Sie die Anzahl der Gegenstände von vier auf sechs und schließlich auf acht.

Zeigen Sie Ihrem Kind, wie es Gegenstände nach der Temperatur ordnet. Wählen Sie Gegenstände mit deutlich unterscheidbaren Temperaturen. Versuchen Sie die Temperaturübung mit einer Augenbinde.

Wortschatz

■ Damit sich die Begriffe »hart« und »weich« einprägen, bitten Sie Ihr Kind, einen harten oder weichen Gegenstand im Raum zu suchen. Dann bitten Sie es, zwei weiche oder zwei harte Objekte zu finden, und fragen es, welches von beiden das weichere/härtere ist.

■ Bitten Sie Ihr Kind, kalte oder warme Gegenstände im Raum zu suchen. Vielleicht »schmuggeln« Sie dazu geeignete Objekte in den Raum. Alternativ können Sie es auch auffordern, zwei kalte oder warme Gegenstände zu finden und deren Temperaturen zu vergleichen.

Strukturen vergleichen

Das Spielen mit Stoffen erweitert die Erfahrungen aus der Übung mit dem Sandpapier. Ihr Kind lernt, Materialien zu sortieren, einzustufen und das passende Pendant zu finden. Die Sandpapier-Übungen müssen abgeschlossen sein, bevor Sie mit den Stoffen beginnen, da Ihr Kind die Begriffe »rau«, »glatt«, »rauest« und »glattest« verstanden und gelernt haben muss. Diese Aktivität folgt demselben Muster, nur dass hierbei eine Augenbinde verwendet wird. So ermutigen Sie Ihr Kind, den Stoff durch bloßes Fühlen zu sortieren und nicht dadurch, dass es sich daran erinnert, wie die Farben und Muster der Stoffe ausgesehen haben. Vor Beginn der Übung lesen Sie bitte alle Schritte durch!

Sie benötigen

- sechs Stoffstücke (10 x 10 cm)
- einen Behälter für die Stoffe
- eine Augenbinde oder einen Schal

Stoffauswahl

Verwenden Sie möglichst unterschiedliche Stoffe wie Seide, Satin, Baumwolle, Cord, Samt, Wolle und Leinen.

1 Legen Sie die Stoffstücke in eine Reihe vor den Korb. Sagen Sie zu Ihrem Kind: »Ich ertaste jetzt, welche Stoffe rau und welche glatt sind, aber um sicherzugehen, verwende ich dazu nur meine Finger und bedecke meine Augen.« Legen Sie dann die Augenbinde an.

Tipp ■ Wenn Sie Ihrem Kind eine Frage stellen, vergewissern Sie sich, dass es Zeit zum Nachdenken hat. Helfen Sie ihm mit Hinweisen, statt ihm gleich die Antworten zu geben.

Die Sinne schulen / 53

2 Tasten Sie die Stoffstücke der Reihe nach ab und wählen Sie ein raues aus. Erspüren Sie den Stoff, indem Sie ihn zwischen Daumen sowie Zeige- und Mittelfinger halten, und machen Sie eine Reibbewegung. Fühlen Sie ihn dann noch einmal und sagen Sie »rau«. Legen Sie ihn auf die linke Tischseite.

3 Ertasten Sie die Stoffe, bis Sie einen glatten finden; sagen Sie »glatt« und legen Sie ihn auf die rechte Seite. Fahren Sie fort, bis alle Stoffe in zwei Stapeln mit rau und glatt sortiert sind.

4 Nehmen Sie die Augenbinde ab und legen Sie diese in den Korb. Mischen Sie die Stoffstücke und bitten Sie dann Ihr Kind, die Übung auszuprobieren. Vielleicht müssen Sie ihm beim Anlegen der Augenmaske helfen. (Manche Kinder lassen sich nur ungern die Augen verbinden; ist dies der Fall, bitte Sie es, anstelle dessen die Augen zu schließen.)

Zum Ausprobieren

Ist Ihr Kind mit der Übung vertraut, verwenden Sie zwei weitere Stoffstücke.

- - - - - - - - - - - - - - - - -

Bitten Sie Ihr Kind, die Stoffe vom rauesten zum glattesten zu sortieren. Beginnen Sie mit vier Stoffstücken und arbeiten Sie sich bis zu acht verschiedenen Stoffen vor. Vielleicht müssen Sie Ihr Kind beim Anordnen der Stoffe helfen. Arbeiten Sie von links nach rechts, auch wenn Ihr Kind Linkshänder ist. So bereiten Sie es auf das Lesen vor.

- - - - - - - - - - - - - - - - -

Wählen Sie drei oder mehr verschiedene Stoffe aus und zerschneiden Sie jeden in zwei Quadrate. Legen Sie die unterschiedlichen Stoffquadrate einmal nebeneinander und einmal aufeinander. Bitten Sie Ihr Kind, die jeweils zusammenpassenden Paare aus der Reihe und aus dem Stapel herauszusuchen.

- - - - - - - - - - - - - - - - -

Führen Sie Materialien wie Aluminiumfolie und Zellophan ein.

Wortschatz

■ Wählen Sie zum Beispiel ein Stück aus Baumwolle aus. Geben Sie Ihrem Kind den Stoff und bitten Sie es, ein Kleidungsstück aus Baumwolle zu finden. Das führt vielleicht dazu, dass Sie sich gemeinsam verschiedene Stoffe für Winter- und Sommerbekleidung ansehen. Sie können Ihrem Kind erklären, weshalb Kleidung aus unterschiedlichen Stoffen gefertigt wird. Sprechen Sie mit ihm über Baumwolle und Wolle, damit Ihr Kind zwei Stoffnamen lernt und sich deren Eigenschaften einprägen kann. Erklären Sie immer nur zwei oder drei Stoffnamen auf einmal. Haben Sie Kissenbezüge aus edlen Stoffen wie Samt oder Seide, dann fragen Sie Ihr Kind, weshalb sich diese Stoffe wohl besonders gut für Kissen eignen.

Das »Fühl mich«-Beutelspiel

Dieses Spiel, das all die taktilen Erfahrungen der vorangegangenen Übungen zusammenfasst und eine echte Herausforderung für das kindliche Gedächtnis darstellt, wird Ihrem Kind wirklich Spaß machen. Ziel des Spiels ist, durch Ertasten herauszufinden, welcher der ausgewählten Gegenstände sich im Beutel verbirgt. Bei diesem Spiel kann Ihr Kind auch neue Wörter lernen, da Sie es fragen können, wie es den Gegenstand erraten hat.

Sie benötigen

- drei bis fünf unterschiedliche Gegenstände wie einige Lieblingsspielzeuge, einen Apfel …
- einen Beutel mit Kordel, zum Beispiel einen Waschbeutel
- einen Behälter oder Korb für die Gegenstände
- ein Geschirrtuch

Tipp

- Wählen Sie Dinge aus, die sich deutlich in Form und Struktur unterscheiden. Denken Sie dabei auch an einige Lieblingsgegenstände.
- Beginnen Sie bei kleineren Kindern nur mit drei Gegenständen, und steigern Sie die Anzahl bis auf fünf.

Die Sinne schulen / 55

1 Zeigen Sie Ihrem Kind jeden einzelnen Gegenstand, den Sie in Ihrem Behälter haben. Benennen Sie die Gegenstände.

2 Erklären Sie Ihrem Kind, dass es nur durch Tasten erraten soll, welchen Gegenstand Sie in den Beutel getan haben. Bitten Sie Ihr Kind, sich umzudrehen und seine Augen fest zu schließen.

3 Wählen Sie einen Gegenstand aus und geben Sie ihn in den Beutel. Decken Sie die anderen Gegenstände mit dem Geschirrtuch ab.

4 Bitten Sie Ihr Kind nun, die Augen zu öffnen, und geben Sie ihm den Beutel. Fragen Sie es, ob es den Gegenstand im Beutel erraten kann. Geben Sie ihm Zeit, um ihn zu untersuchen. Ist es sich nicht sicher, können Sie es an die Gegenstände erinnern, indem Sie zum Beispiel fragen: »Erinnerst du dich an den Ball?«

5 Hat es richtig geraten, wählen Sie einen weiteren Gegenstand aus und fahren fort, bis es alle Gegenstände erraten hat.

> **Zum Ausprobieren**
>
> Sobald Ihr Kind mit dieser Übung vertraut ist, geben Sie erst zwei und dann drei Gegenstände auf einmal in den Beutel.

Größe und Form

Diese einfache Übung vermittelt Ihrem Kind eine mathematische Erfahrung. Die Bauklötze werden nämlich aufeinander gestapelt, und so bekommt Ihr Kind einen Sinn für das Sortieren nach Größe und Form sowie für das Schätzen. Außerdem erhält es eine Vorstellung von Gewicht; denn wenn es die Bauklötze trägt, begreift es, dass der größte Klotz auch der schwerste ist. Diese Aktivität führt auch die Begriffe und Wörter »größer«, »kleiner«, »größter«, »kleinster« ein. Darüber hinaus werden die Muskeln trainiert, da das Kind die Klötze zum Arbeitsbereich trägt.

Sie benötigen

- zehn Bauklötze zum Aufeinanderstapeln (im Idealfall sind zwei oder drei der Klötze so groß, dass Ihr Kind sie mit beiden Händen tragen muss)

Tipp

■ Zeigen Sie Ihrem Kind, dass man immer nur einen Bauklotz auf einmal tragen sollte. Beim Tragen der größeren Klötze verwenden Sie beide Hände.
■ Lassen Sie sich beim Auswählen des benötigten Bauklotzes Zeit. Nehmen Sie immer nur einen Bauklotz auf einmal.
■ Bauen Sie den Turm mit Bedacht auf, dann folgt Ihr Kind Ihrem Beispiel.
■ Durch mittiges Platzieren kommen die Größenabstufungen optimal zur Geltung.
■ Hat Ihr Kind den Turm zweimal aufgebaut, sollten Sie die Bauklötze aufräumen. So vermitteln Sie Ihrem Kind einen Sinn für Ordnung.

Die Sinne schulen / 57

1 Bitten Sie Ihr Kind, Ihnen dabei zu helfen, die Bauklötze auf einer freien Bodenfläche abzustellen.

2 Setzen Sie sich mit Ihrem Kind so hin, dass es die Klötze gut sehen kann.

3 Sagen Sie Ihrem Kind, dass Sie aus den Bauklötzen nun einen Turm bauen. Wählen Sie den größten Klotz aus und legen Sie ihn vor sich in die Mitte. Bauen Sie dann langsam den ganzen Turm auf.

4 Erzählen Sie Ihrem Kind, dass Sie den Turm nun abbauen, damit es ihn selbst aufbauen kann. Nehmen Sie die Klötze nacheinander herunter und legen Sie diese zur Rechten Ihres Kindes. (Ihr Kind kann Ihnen dabei behilflich sein.) Bitten Sie Ihr Kind nun, den Turm selbst zu bauen.

Zum Ausprobieren

Der Turm wird nochmals aufgebaut, doch dieses Mal werden die Klötze nicht mittig, sondern auf einer Ecke gestapelt.

Sie bauen mit den Klötzen eine Treppe und arbeiten sich dabei von links nach rechts, vom kleinsten zum größten Klotz vor.

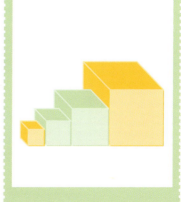

Höhe und Länge

Bei dieser Aktivität wird mit Zählstangen gearbeitet, um den Längenbegriff einzuführen. Dabei stellt Ihr Kind Stangen stufenartig zusammen – von der kürzesten zur längsten. Bei dieser Aufgabe muss es die Länge einer jeden Stange einschätzen und beurteilen, an welcher Stelle sie in die Treppe passt. Sie können den Begriff der Länge auch erörtern, indem Sie Ihrem Kind Fotos von Familienmitgliedern zeigen und auf deren unterschiedliche Größen hinweisen. Oder Sie bitten alle, sich nach dem Orgelpfeifenprinzip in einer Reihe aufzustellen.

Sie benötigen

- Arbeitsblatt 1
- ein Blatt DIN-A3-Papier
- einen großen Bogen feste Pappe
- eine Schere
- einen blauen und roten Filzstift
- Klebstoff
- ein Tablett

Fotokopieren und vergrößern Sie das Arbeitsblatt auf A3. Malen Sie die Kästchen abwechselnd Blau und rot aus, wobei Sie mit dem einzelnen Kästchen in Blau beginnen. Die erste Zählstange besteht aus einem Kästchen, die zweite aus zwei (einem in jeder Farbe), die dritte aus drei usw. Schneiden Sie die Stangen entlang der gestrichelten Linie aus und kleben Sie sie auf den Karton. Schneiden Sie diese wiederum aus.

Tipp ■ Vergewissern Sie sich, dass die Zählstangen auf der linken Seite bündig angeordnet sind, damit Ihr Kind die Abstufungen deutlich sehen kann.

Die Sinne schulen / 59

1. Legen Sie die Zählstangen ungeordnet auf ein Tablett, so dass Ihr Kind sie alle gut sehen kann.

2. Legen Sie die Stangen quer vor sich hin und vergewissern Sie sich, dass Ihr Kind die Anordnung gut im Blick hat.

3. Sagen Sie Ihrem Kind, dass Sie die Stangen, beginnend mit der kürzesten, stufenartig anordnen werden. Nehmen Sie die kürzeste Stange und legen Sie diese vor sich hin. Beim Auswählen der Stange führen Sie Ihre rechte Hand bis zum Ende daran entlang, so dass Ihr Kind sieht, wie Sie die nächstgrößere Stange finden.

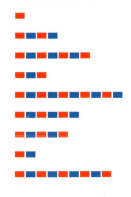

4. Bauen Sie den Rest der Treppe bis zur längsten Stange auf.

5. Sagen Sie Ihrem Kind, dass Sie die Treppe nun abbauen, damit es die Übung selbst probieren kann.

6. Nehmen Sie die Stangen einzeln auf und legen Sie sie ungeordnet rechts vor Ihr Kind. Bitten Sie Ihr Kind, nun die Treppe zu bauen.

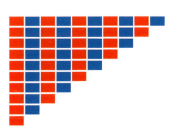

Wortschatz

■ Nutzen Sie jede Gelegenheit, die mathematischen Begriffe »lang« und »kurz« zu verwenden. Sie können Ihr Kind bitten, die Größe der Familienmitglieder zu vergleichen. Fragen Sie: »Wer ist der Größte?«, und: »Wer ist der Kleinste?«.

■ Sie können auch die mathematischen Begriffe für Gewicht einführen, nämlich »schwer« und »leicht«. Bitten Sie Ihr Kind, das Gewicht verschiedener Lebensmittel durch den Einsatz seiner Hände als Waage miteinander zu vergleichen.

Zweidimensionale Formen zuordnen

Diese Übung konzentriert sich auf den mathematischen Formenbegriff. Ihr Kind lernt die Kreisform kennen und verschieden große Kreise richtig einzuschätzen. Die ausgeschnittenen Kreise werden auf Papier gezeichneten Kreisen zugeordnet. Dies dient Ihrem Kind als Kontrollmöglichkeit. So kann es sehen kann, ob es richtig geschätzt hat, und kann sich, falls nötig, selbst korrigieren. In der Rubrik »Zum Ausprobieren« wird die gleiche Aktivität mit Quadraten und Dreiecken wiederholt.

1 Bitten Sie Ihr Kind, den Behälter an den Tisch zu bringen, während Sie das Arbeitsblatt an sich nehmen. Fordern Sie Ihr Kind auf, sich so hinzusetzen, dass es den Arbeitsbereich gut überblickt. Legen Sie das Arbeitsblatt vor sich aus und stellen Sie den Behälter dahinter.

2 Nehmen Sie die Kreise heraus und legen Sie diese ungeordnet in einer Reihe hinter das Arbeitsblatt.

Sie benötigen

- Arbeitsblatt 2
- einige Blatt A4-Papier
- eine Schere
- einen Behälter oder Korb zum Aufbewahren

Fotokopieren Sie das Arbeitsblatt einige Male auf festes Papier. Schneiden Sie einen Satz Kreise aus und legen Sie sie in den Behälter oder Korb. Lassen Sie mindestens ein Blatt intakt.

Tipp
- Arbeiten Sie immer von links nach rechts, auch wenn Ihr Kind Linkshänder ist. So bereiten Sie Ihr Kind auf das Lesen vor.
- Lassen Sie sich beim Auswählen der Kreise Zeit. Blicken Sie immer wieder vom Blatt auf die Papierkreise und umgekehrt. So erkennt Ihr Kind, dass Sie die Größen vergleichen.

Die Sinne schulen / 61

3 Sagen Sie Ihrem Kind, dass Sie die Kreise einander zuordnen und dabei mit dem größten beginnen und mit dem kleinsten aufhören.

4 Nehmen Sie den größten Papierkreis und ordnen Sie ihn dem entsprechenden Kreis auf dem Blatt zu. Fahren Sie fort, bis alle Kreise zugeordnet sind.

5 Legen Sie die Kreise zurück in den Behälter und übergeben Sie diesen zusammen mit dem Arbeitsblatt Ihrem Kind zum Ausprobieren.

Zum Ausprobieren

Arbeitsblatt 2 enthält zwei weitere Abschnitte, einen mit Quadraten und einen mit Dreiecken. Wiederholen Sie die Übung, zuerst mit den Quadraten und dann mit den Dreiecken.

Vergrößern Sie das Arbeitsblatt auf DIN A3 und machen Sie zwei Kopien davon. Malen Sie die Formen aus, wobei jede Form eine andere Farbe bekommt. Zeigen Sie Ihrem Kind, wie es jede dieser Formen der entsprechenden auf dem Arbeitsblatt zuordnet. Vielleicht ist es Ihrem Kind lieber, wenn die Formen nicht im Behälter bleiben, sondern auf dem Arbeitsbereich ausgebreitet sind.

Ist Ihr Kind mit diesen Übungen vertraut, verwenden Sie andere Formen wie Rechtecke, Rauten und Ovale.

Wortschatz

■ Unterteilen Sie die Papierformen in zwei Gruppen mit jeweils gleicher Anzahl an Formen. Verstecken Sie die eine Hälfte im Zimmer und legen Sie die andere Hälfte in den Behälter. Wählen Sie eine Form aus der Schachtel aus und sagen Sie zu Ihrem Kind: »Kannst du mir noch einen Kreis zeigen?« Gehen Sie der Reihe nach alle Formen durch, bis die Schachtel leer ist.

■ Ist Ihr Kind mit den Namen der Formen vertraut, verstecken Sie alle Formen und sagen zu Ihrem Kind: »Kannst du mir einen Kreis zeigen?« Später können Sie noch fragen: »Kannst du mir einen großen Kreis zeigen?«

Dreidimensionale Formen zuordnen

Diese Übung baut insofern auf der vorherigen auf, als dass die bekannten Formen nun im 3D-Format (dreidimensional) erscheinen. Die verwendeten Formen sind vertraute Gegenstände, die nun ihren korrekten mathematischen Namen verliehen bekommen und in Zweierpaare aufgeteilt werden. Durch das Verwenden bereits eingeführter Gegenstände kann Ihr Kind sich die mathematischen Namen leichter einprägen.

Sie benötigen

- zwei Kugeln, wie zum Beispiel Tennisbälle oder Murmeln
- zwei Würfel, wie zum Beispiel Bauklötze
- zwei Zylinder, wie zum Beispiel kleine Dosen
- einen Behälter oder Korb zum Aufbewahren

Die Sinne schulen / 63

1. Bitten Sie Ihr Kind, den Behälter zum Tisch zu tragen, und stellen Sie ihn mittig vor Ihr Kind. Sagen Sie Ihrem Kind, dass es nun die entsprechenden Formen heraussuchen soll.

2. Sagen Sie zu Ihrem Kind: »Kannst Du mir einen würfelförmigen Bauklotz heraussuchen?« Hat es den Bauklotz ausgewählt, bitten Sie es, ihn links von sich zu platzieren.

3. Stellen Sie dieselbe Frage, aber fragen Sie diesmal nach einer Kugel und dann nach einem Zylinder.

4. Bitten Sie Ihr Kind nun, die in der Schachtel verbliebenen Formen jenen auf dem Tisch zuzuordnen.

Zum Ausprobieren

Erhöhen Sie die Zahl der Formen schrittweise, bis Ihr Kind sechs Paare einander zuordnen kann.

Sie können auch mit Kegeln, Pyramiden und eiförmigen Gegenständen üben. Vielleicht haben Sie Spielsachen in diesen Formen. Ansonsten können Sie auch eine Eistüte oder ein hart gekochtes Ei verwenden und Ihrem Kind ein Foto von einer Pyramide zeigen.

Wortschatz

■ Sie können das »Fühl mich«-Beutelspiel (siehe Seite 54) spielen. Verwenden Sie dazu je eine Kugel, einen Zylinder und einen Würfel. Zeigen Sie Ihrem Kind jede Form einzeln und sagen Sie dabei, wie sie heißt. Dann bitten Sie Ihr Kind, seine Augen zu schließen, während Sie eine der Formen in den Beutel stecken. Übergeben Sie ihm die Tasche, um die Form zu ertasten und deren Namen zu erraten.

Farben entdecken

Farben ziehen Kinder magisch an – angefangen von bunten Gegenständen bis hin zum Regenbogen. Bei den folgenden Farbübungen werden zuerst die Grundfarben und dann die Sekundärfarben einander zugeordnet und zu guter Letzt die Schattierungen einer Farbe eingestuft. Dabei verwenden wir Farbmusterstreifen aus dem Heimwerkermarkt. Greifen Sie zu den kräftigsten Grundfarben, die Sie finden können.

Sie benötigen

- sechs Farbmusterstreifen (je zwei Streifen in Rot, Blau und Gelb)
- eine Schere
- einen Behälter oder Korb zum Aufbewahren der Streifen

Wählen Sie die Rechtecke mit den kräftigsten Farbtönen auf den Farbstreifen und schneiden Sie sie aus, so dass Sie zwei gleiche Rottöne, Blautöne und Gelbtöne haben. Legen Sie die farbigen Rechtecke in den Behälter oder den Korb.

Die Sinne schulen / 65

1. Bitten Sie Ihr Kind, den Behälter an den Tisch zu bringen und sich so hinzusetzen, dass es den Arbeitsbereich gut überblicken kann.

2. Stellen Sie den Behälter vor sich hin und nehmen Sie alle Rechtecke heraus. Legen Sie die eine Hälfte quer in eine Reihe und die andere Hälfte darunter längs in eine Reihe.

3. Sagen Sie Ihrem Kind, dass Sie die Farben nun einander zuordnen. Beginnen Sie mit der untersten Farbe in der Längsreihe. Finden Sie die passende Farbe in der Querreihe und stellen Sie diese paarweise zusammen.

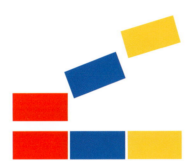

4. Bitten Sie Ihr Kind, die restlichen Farben einander zuzuordnen.

Wortschatz

- Diese Übung hilft Ihrem Kind, sich die Namen der Farben einzuprägen. Zeigen Sie Ihm ein rotes Rechteck und sagen Sie: »Kannst du in diesem Zimmer etwas finden, das auch rot ist?« Wiederholen Sie diese Frage mit anderen Farben, aber verwenden Sie nicht mehr als drei Farben auf einmal.
- Kann Ihr Kind die verschiedenen Farben beim Namen nennen, bitte Sie es, Gegenstände einer bestimmten Farbe zu finden.

Zum Ausprobieren

Fügen Sie weitere Rechtecke hinzu, wobei Sie nun die Sekundärfarben Grün, Orange und Lila verwenden.

Schneiden Sie von dem Farbmusterstreifen Rechtecke derselben Farbschattierung aus. Bitten Sie Ihr Kind nun, alle Schattierungen der entsprechenden Farbe zuzuordnen.

Bitten Sie Ihr Kind, die passenden Farben so anzuordnen, dass der dunkelste Farbton unten und der hellste oben liegt.

Verwenden Sie sieben Farbmusterstreifen und schneiden Sie Rechtecke in den Farben des Regenbogens aus. Kleben Sie diese in halbrunder Form auf ein Stück Pappe. Schneiden Sie nun die gleichen Farbrechtecke noch einmal aus und bitten Sie Ihr Kind, die Farben einander zuzuordnen, indem es seine Rechtecke über die entsprechenden Rechtecke des Papp-Regenbogens legt.

Laut und leise

Bei dieser Aktivität lernt Ihr Kind, dass ein Gegenstand ein Geräusch erzeugt, wenn man ihn schüttelt. Dann wird es aufgefordert festzustellen, ob es sich dabei um ein »lautes« oder ein »leises« Geräusch handelt. Hat es diese Fertigkeit gemeistert, bietet die Rubrik »Zum Ausprobieren« eine Möglichkeit, sie zu verfeinern, indem die Geräusche in eine Rangfolge gebracht werden müssen – vom lautesten zum leisesten. Wie auch bei allen anderen Aktivitäten in diesem Kapitel wird das Begriffsverständnis zusammen mit dem entsprechenden Wortschatz zum Beschreiben der Begriffe geschult.

Sie benötigen

- vier bis sechs Gegenstände, die ein lautes oder leises Geräusch erzeugen, wie zum Beispiel zwei Topfdeckel, die aneinander geschlagen werden
- ein großes Tablett zum Tragen der Gegenstände

Tipp

■ Drücken Sie sich knapp und präzise aus. Wenn Sie Ihrem Kind zu viele neue Worte zumuten, verfehlen Sie den eigentlichen Sinn der Übung.

■ Nehmen Sie sich zum Vergleichen der Geräusche ausreichend Zeit, damit Ihr Kind versteht, dass man ganz genau hinhören muss, um herauszufinden, um welche Art Geräusch es sich handelt.

■ Das Verwenden von Musikinstrumenten würde ich bei dieser Übung nicht empfehlen, da die Instrumente nur von der eigentlichen Übung ablenken.

Die Sinne schulen / 67

| ACHTUNG | ! | Erklären Sie Ihrem Kind nach dieser Übung, dass es gefährlich ist, laute Geräusche sehr nah am Ohr zu erzeugen, und wie dies das Hörvermögen beeinträchtigen kann. |

1 Bitten Sie Ihr Kind, sich so hinzusetzen, dass es die Übungssituation gut im Blick hat, und stellen Sie das Tablett vor sich hin.

2 Sagen Sie Ihrem Kind: »Wir hören uns jetzt die Geräusche an, die diese Gegenstände machen, und beschreiben dann, ob es ein lautes oder leises Geräusch ist.«

3 Wählen Sie einen Gegenstand aus, von dem Sie wissen, dass er ein lautes Geräusch macht. Erzeugen Sie das Geräusch und sagen Sie das Wort »laut«. Dann stellen Sie den Gegenstand auf die linke Seite. Wiederholen Sie den Vorgang mit einem Gegenstand, der ein leises Geräusch erzeugt, und legen Sie ihn auf die rechte Seite.

4 Reichen Sie die Gegenstände an Ihr Kind weiter und fordern Sie Ihr Kind auf, die übrigen Geräusche ebenfalls entsprechend einzustufen.

Zum Ausprobieren

Fügen Sie weitere Gegenstände hinzu, bis Sie insgesamt zehn verschiedene Geräusche haben.

Bitten Sie Ihr Kind, die Geräusche vom lautesten zum leisesten zu ordnen. Arbeiten Sie dabei mit vier bis fünf Geräuschen. Beginnen Sie die Übung, indem Sie den lautesten Gegenstand identifizieren und dann den leisesten.

Wortschatz

■ Wenn Sie mit Ihrem Kind draußen sind, dann ermutigen Sie es, den verschiedenen Geräuschen um sich herum zu lauschen. Stellen Sie ihm Fragen zu dem Gehörten, zum Beispiel: »Ist das Geräusch, das du beim Berühren des Bodens machst, laut oder leise?«

Besonders wichtig zu wissen

■ Hat Ihr Kind Schwierigkeiten bei diesen Übungen – insbesondere beim Einstufen der Lautstärke – dann sollten Sie mit ihm einen Hörtest machen lassen.

Hörschwierigkeiten treten bei kleinen Kindern häufiger auf. Hat Ihr Kind eine Erkältung, so kann dies das Hörvermögen für kurze Zeit beeinträchtigen.

Geräusche vergleichen

Ihr Kind hat gelernt, verschiedene Geräusche miteinander zu vergleichen und sie entsprechend ihrer Lautstärke einzustufen. Bei dieser Übung wird die Hörfertigkeit weiter verfeinert, da Ihr Kind nun Geräusche einander zuordnen muss. Das klingt vielleicht einfach, doch es erfordert genaues Hinhören und ein hohes Maß an Konzentration. Es gibt keine optischen Hilfen, so dass es ganz darauf angewiesen ist, sich an das Geräusch zu erinnern, bis es das nächste hört.

Sie benötigen

- sechs kleine zylinderförmige, undurchsichtige Behälter mit Deckel, am besten Filmdosen
- eine Auswahl an getrockneten Linsen, Bohnen, Erbsen und Reis
- zwei Körbe

Füllen Sie zwei der Behälter bis zur Hälfte mit Linsen. Für die restlichen Behälter verwenden Sie zwei andere getrocknete Lebensmittel. Teilen Sie die Paare auf und legen Sie jeweils eine Dreiergruppe in einen der Körbe.

Tipp

■ Wenn Sie Ihrem Kind wie bei dieser Übung beibringen, auf leise Geräuschen zu hören, können Sie ihm auch zeigen, dass man zum genauen Hinhören den Gegenstand nahe ans Ohr hält. Demonstrieren Sie das immer mit demselben Ohr. Nehmen Sie dazu die Filmdosen stets in die rechte Hand. Dann werden Sie automatisch auch das rechte Ohr verwenden.

Die Sinne schulen / 69

1 Bitten Sie Ihr Kind, einen der Körbe an den Tisch zu bringen, während Sie den anderen tragen.

2 Fordern Sie Ihr Kind auf, sich zu Ihrer Linken hinzusetzen. Stellen Sie einen Korb links und den anderen rechts von sich an das hintere Tischende. Nehmen Sie die Filmdosen aus den Körben und legen Sie sie rechts und links vor sich ab.

> **Zum Ausprobieren**
>
> Fügen Sie immer mehr Lebensmittel hinzu, bis Ihr Kind sechs Geräuschpaare einander zuordnen kann. Sie können für neue Geräusche die Behälter mit Zucker, Kaffee oder Müsli füllen.

3 Sagen Sie zu Ihrem Kind: »Ich versuche jetzt die Behälter zu finden, die das gleiche Geräusch machen, und stelle sie paarweise auf.« Nehmen Sie dann mit der rechten Hand einen Behälter von der linken Seite und schütteln Sie ihn, um das Geräusch zu hören.

4 Nehmen Sie mit der rechten Hand einen Behälter von der rechten Seite und schütteln Sie ihn, um das Geräusch zu hören.

5 Kehren Sie zum ersten Behälter zurück, um zu überprüfen, ob die beiden Geräusche identisch sind. Wiederholen Sie diesen Vorgang so lange, bis Sie das passende Geräusch gefunden haben. Ist das der Fall, stellen Sie die beiden Behälter zusammen vor sich ab, beginnend auf der linken Seite. Fahren Sie fort, bis für jeden Behälter das passende Gegenstück gefunden ist.

6 Bitten Sie nun Ihr Kind, die Geräusche einander zuzuordnen und die Behälter entsprechend zu gruppieren. Stellen Sie die Behälter dazu an ihren ursprünglichen Platz zurück. Nach der Übung können Sie die Behälter auch öffnen, um zu überprüfen, ob die Antwort tatsächlich richtig war.

Tonleitern

Bei den vorangegangenen Aktivitäten ging es darum, Geräusche miteinander zu vergleichen, einzustufen und das passende Pendant zu finden. Bei dieser Übung wird nun die Harmonielehre eingeführt. Dazu bauen Sie eine Tonleiter aus unterschiedlich hoch gefüllten Flaschen. Ihr Kind wird so auch mit hohen und niedrigen Tönen sowie der Idee, dass die Harmonik auf bestimmten Tonfolgen basiert, vertraut gemacht.

Sie benötigen

- fünf Glasflaschen oder Gläser
- Wasser
- einen Teelöffel
- Lebensmittelfarbe (kein Muss)

Um das Interesse Ihres Kindes an dieser Übung zu wecken, färben Sie das Wasser erst einmal ein. Füllen Sie dann die Flaschen oder Gläser verschieden hoch mit Wasser, so dass eine Tonleiter entsteht. Klopfen Sie mit einem Teelöffel gegen jedes Glas/jede Flasche, um sicherzugehen, dass sich unterschiedliche Töne ergeben. Passen Sie den Wasserstand gegebenenfalls entsprechend an.

Die Sinne schulen / 71

ACHTUNG ❗ Erklären Sie Ihrem Kind, dass Scherben gefährlich sind. Gehen Sie mit gutem Beispiel voran und seien Sie vorsichtig im Umgang mit Gläsern und Flaschen.

Zum Ausprobieren

Nachdem Sie eine Tonleiter aus fünf Flaschen gebaut haben, steigern Sie die Zahl der Flaschen auf acht, denn auch eine komplette Tonleiter umfasst acht Noten.

Spricht Ihr Kind die unterschiedlichen Flaschengrößen oder Wassermenge an, dann lassen Sie es damit experimentieren.

1 Zeigen Sie Ihrem Kind, wie es jede Flasche oder jedes Glas einzeln sicher an den Tisch befördert. Dazu hält man die Flasche mit der einen Hand von unten und mit der anderen am Flaschenbauch.

2 Setzen Sie Ihr Kind zu Ihrer Linken und stellen Sie die Flaschen im hinteren Tischbereich in einer Reihe auf.

3 Sagen Sie zu ihm: »Ich zeige dir jetzt, wie man eine Tonleiter aufbaut. Dazu muss ich zuerst den niedrigsten Ton finden.« Klopfen Sie dazu mit dem Löffel sacht an die Flaschen oder Gläser. Haben Sie die entsprechende Flasche gefunden, nehmen Sie diese aus der Reihe heraus und stellen Sie sie nach links.

4 Sagen Sie: »Nun muss ich den höchsten Ton finden.« Wiederholen Sie den Vorgang und suchen Sie den höchsten Ton heraus. Stellen Sie die Flasche nach rechts. Dazwischen sollte ausreichend Platz für die drei restlichen Flaschen sein.

5 Fordern Sie Ihr Kind auf, die Tonleiter zu vervollständigen, und sagen Sie: »Ich habe die Flasche mit dem niedrigsten (klopfen Sie mit dem Teelöffel an die entsprechende Flasche) und dem höchsten Ton gefunden (klopfen Sie mit dem Teelöffel an die entsprechende Flasche). Jetzt sollst du die dazwischenliegenden Töne einordnen.« Stellen Sie die Flaschen vor Ihrem Kind auf, so dass es die Tonleiter vervollständigen kann.

Gerüche unterscheiden

Kinder kommentieren ständig die Gerüche um sie herum, weshalb Ihr Kind an dieser Aktivität bestimmt Gefallen finden wird. Es muss dabei verschiedene Gerüche in »angenehm« und »unangenehm« unterteilen. Wie auch bei den anderen Aktivitäten in diesem Kapitel beginnen Sie mit einem Gegensatz. Bei dieser Übung hat Ihr Kind außerdem Gelegenheit, seinen Wortschatz zum Beschreiben verschiedener Gerüche zu erweitern.

Sie benötigen

- sechs Gegenstände, die unterschiedlich riechen, wie zum Beispiel Parfum, Aftershave, Duftöle, Blumen, Zitrusfrüchte, Kaffee oder Essig (verwenden Sie keine Haushaltsreiniger, da deren Dämpfe gefährlich sein können)
- sechs kleine Behälter, wie zum Beispiel Gläser mit Deckeln oder Filmdosen
- Watte-Pads oder Wattebällchen
- ein Tablett

Geben Sie auf jedes Watte-Pad oder Wattebällchen einen anderen Geruch. Wenn Sie Zitrusfrüchte verwenden, pressen Sie etwas Saft über der Watte aus. Auf diese Weise isolieren Sie den Geruch. Geben Sie jedes Wattebällchen in einen eigenen Behälter und schließen Sie den Deckel. Sie können ihn auch mit Frischhalte- oder Alufolie abdecken. Lassen Sie die Behälter etwa fünf Minuten stehen, so dass der Geruch die Baumwolle durchdringt. Wählen Sie danach ein Gefäß mit einem angenehmen Geruch aus und stellen Sie es in die vordere rechte Ecke des Tabletts. Anschließend suchen Sie ein Gefäß mit einem unangenehmen Geruch aus und stellen es in die vordere linke Ecke. Platzieren Sie die restlichen Gefäße in den hinteren Tablettbereich.

Die Sinne schulen / 73

| **ACHTUNG** | **!** | Sie wollen zwar, dass Ihr Kind die Gerüche um sich herum erkundet, machen Sie es aber immer auch darauf aufmerksam, dass bestimmte Substanzen schädliche Dämpfe absondern. Giftige Haushaltsprodukte sollten Sie für diese Übung nicht verwenden und stets wegsperren. |

Zum Ausprobieren

Erhöhen Sie die Zahl der Gerüche von sechs auf acht.

- -

Machen Sie ein Spiel daraus, Düfte einander zuzuordnen. Verwenden Sie dazu je zwei Behälter mit dem gleichen Geruch. Stellen Sie diese auf je eine Tablettseite und zeigen Sie Ihrem Kind, wie es nach dem passenden Gegenstück suchen soll.

- -

Spielen Sie »Düfte raten«. Schnuppern Sie mit Ihrem Kind an jedem Behälter und sagen Sie ihm, um welchen Duft es sich dabei handelt. Anschließend bitten Sie Ihr Kind, an einem Behälter zu riechen und den Duft selbst herauszufinden. Braucht es Hilfe, stellen Sie ihm Fragen wie beispielsweise: »Ist das die Zitrone?«

1 Bitten Sie Ihr Kind, sich so hinzusetzen, dass es die Übungssituation gut überblickt. Stellen Sie das Tablett vor sich in die Mitte. Sagen Sie Ihrem Kind, dass Sie die Gerüche nun in angenehme und unangenehme unterteilen werden.

2 Nehmen Sie das Gefäß mit dem angenehmen Geruch aus der rechten Ecke, öffnen Sie es, riechen Sie daran und sagen Sie dann: »Das ist ein sehr feiner Duft.« Danach stellen Sie es auf die rechte Tischseite. Zeigen Sie Ihrem Kind, dass Sie sich mit dem Riechen Zeit lassen, bevor Sie entscheiden, um welchen Duft es sich handelt.

3 Wiederholen Sie den Vorgang mit dem unangenehmen Geruch und sagen Sie in etwa: »Ich mag diesen Geruch nicht; es riecht eklig.« Stellen Sie das Gefäß auf die linke Tischseite.

4 Fordern Sie Ihr Kind nun auf, mit dem Sortieren der Gerüche fortzufahren, so dass schließlich die unangenehmen Gerüche links und die angenehmen Gerüche rechts stehen.

5 Stellen Sie die Gefäße in genau derselben Art und Weise vor Ihr Kind, damit es die gesamte Übung durchführen kann.

Wortschatz

■ Wenn Sie mit Ihrem Kind draußen sind, vor allem im Garten oder Park, dann nehmen Sie sich die Zeit, um die Gerüche dort zu erkunden. Erweitern Sie die Begriffe »angenehm« und »unangenehm« um neue Beschreibungen wie »wohlriechend«, »rauchig«, »zitronig« oder »salzig«. Lassen Sie Ihrem Kind Zeit, um das Geruchserlebnis zu verinnerlichen und den Duft zu beschreiben.
■ Erklären Sie, dass nicht jeder dieselben Gerüche mag – zum Beispiel mögen manche den Duft von Kaffee und andere nicht. Fragen Sie Ihr Kind nach seinem Lieblingsduft und warum es diesen Duft so gern mag.

Geschmacksrichtungen ermitteln

Bei dieser Aktivität entdeckt Ihr Kind, dass jedes Lebensmittel einen ganz eigenen Geschmack hat, dabei aber die süße, saure oder salzige Komponente überwiegt. Es unterteilt die Lebensmittel in drei Gruppen, und um den Geschmackssinn besonders zu trainieren, wird mit verbundenen Augen geübt. Vielleicht denken Sie, dass Ihr Kind Lebensmittel nicht mit verschlossenen Augen kosten wird. Ich habe jedoch herausgefunden, dass es schnell Vertrauen fasst, wenn ein Erwachsener die Übung vormacht.

Sie benötigen

- je ein süßes, saures und salziges Lebensmittel, wie zum Beispiel Apfelstücke oder Zitronenscheiben und Kartoffelchips
- drei kleine Teller
- Küchentücher
- ein Tablett
- eine Augenbinde

Schneiden Sie die Lebensmittel in Scheiben oder mundgerechte Stücke. Geben Sie jedes Lebensmittel auf einen der Teller und stellen Sie diese auf das Tablett. Legen Sie die Küchentücher daneben.

Die Sinne schulen / 75

1 Bitten Sie Ihr Kind, sich so hinzusetzen, dass es die Übungssituation gut überblicken kann. Ziehen Sie das Tablett mit den Küchentüchern so nah wie möglich zu sich heran. Bei dieser Übung bildet das Tablett die Arbeitsfläche.

2 Sagen Sie Ihrem Kind: »Ich koste das Lebensmittel jetzt und schmecke, ob es salzig, sauer oder süß ist. Ich will aber nur mit der Zunge kosten, nicht mit den Augen schauen.«

3 Setzen Sie die Augenbinde auf. Wählen Sie ein Lebensmittel aus; schmeckt es salzig, legen Sie es auf das Küchentuch links auf dem Tablett. Saure Esswaren legen Sie in die Mitte und süße nach rechts. Beim Verkosten jedes Lebensmittels sagen Sie: »Das schmeckt salzig (oder sauer oder süß).« Fahren Sie fort, bis Sie alle Lebensmittel probiert haben.

4 Nehmen Sie die Augenbinde ab und bitten Sie Ihr Kind, die Lebensmittel zu sortieren. Gibt es Dinge, die Ihr Kind nicht kennt oder nur zögerlich probieren will, dann schlagen Sie ihm vor, nur daran zu lecken oder einen ganz kleinen Bissen davon zu nehmen. Ist es davon begeistert, dann erlauben Sie ihm, das Stückchen aufzuessen. Anschließend bitten Sie es, ein neues Stück auf das Küchenpapier zu legen.

Zum Ausprobieren

Wechseln Sie einige der Lebensmittel aus und erhöhen Sie deren Zahl von fünf auf acht.

Spielen Sie »Koste mich!«. Verwenden Sie drei oder vier Lebensmittel wie Fruchtstückchen, Chips oder Käsewürfel. Lassen Sie Ihr Kind von jedem probieren und sagen Sie dann: »Errate nur durch Kosten, was das ist, ohne dass du es siehst. Deshalb brauchst du eine Augenbinde.« Nach dem Verkosten fragen Sie Ihr Kind, was es wohl gerade probiert hat. Hat es Schwierigkeiten, auf den Namen zu kommen, dann regen Sie sein Gedächtnis an, indem Sie die Namen der Lebensmittel noch einmal mit ihm durchgehen.

Versuchen Sie dieses Spiel mit bekannten und weniger bekannten Lebensmitteln. Sie können die Anzahl auch auf fünf erhöhen.

Tipp
■ Wählen Sie Lebensmittel, die sich eindeutig den Geschmacksrichtungen salzig, sauer und süß zuordnen lassen.
■ Vielleicht müssen Sie die Hand Ihres Kindes zum Essen führen. Sie können dann sagen: »Ich denke, du möchtest nur daran lecken oder nur ein wenig davon nehmen.«
■ Isst es das Lebensmittel ganz auf, erinnern Sie es daran, ein weiteres Stück auf das Küchentuch zu legen.

Sprachentwicklung

Kinder haben einen anderen Zugang zu Sprache als
Erwachsene. Hat Ihr Kind an einer Übung Freude, wird es
die neuen Wörter regelrecht »aufsaugen«, und das Ganze
vermittelt nicht den Eindruck von harter Arbeit. Die Übungen in diesem Kapitel tragen mit dazu bei, dass Ihr Kind
seine Liebe zur Sprache und zu Büchern entdeckt, und
wenn Sie dieses Ziel erreicht haben, folgt das Lesen von
ganz allein. Es gibt kein Patentrezept, um das Interesse
eines Kindes an der Sprache zu wecken. Es kann sich entwickeln über das Interesse an Geschichten, Gedichten oder
Liedern oder indem Sie mit Ihrem Kind über sein Lieb-
lingsthema reden. Bei unseren Aktivitäten finden Sie
etwas aus all diesen Bereichen, so dass Ihr Kind eine hervorragende Einführung in die Welt der Sprache erhält.

So lernt Ihr Kind Bücher lieben

Genauso, wie sich Ihr Kind den sorgfältigen und pfleglichen Umgang mit den Materialien aus anderen Aktivitäten angeeignet hat, muss es diese Lektion nun auch im Umgang mit Büchern lernen.

Bevor Ihr Kind zu einem Buch greift, überprüfen Sie, ob seine Hände sauber sind. Zeigen Sie Ihrem Kind durch Vorführen an einem Stück Altpapier, dass die Buchseiten bei schlampigem Umblättern einreißen können. Erklären Sie, dass man nichts in Bücher hineinschreibt oder in ihnen markiert und dass sie nach dem Lesen zurück in die Kiste gelegt oder ins Regal gestellt werden müssen. Bedenken Sie, dass Sie als Vorbild fungieren. Sieht Ihr Kind, dass Sie Bücher pfleglich behandeln, wird es Sie nachahmen. Haben Sie noch Bücher aus Ihrer eigenen Kindheit, dann zeigen Sie Ihrem Kind diese und erklären ihm, was Sie an den Büchern lieben und warum Sie diese aufbewahrt haben. Bei kleineren Kindern würde ich vorschlagen, die Bücher in einer Kiste zu verstauen, damit das Kind leicht Zugriff darauf hat. Beim Zurückbringen der Bücher achten Sie darauf, dass die Bücherkiste/das Regal leicht zugänglich und nicht zu voll ist. Einem älteren Kind können Sie das Zurückstellen eines Buches in ein Regal vorführen, indem Sie die anderen Bücher zur Seite schieben und das Buch einsortieren. Zeigen Sie ihm auch, wie es seine Bücher ordnen kann – zum Beispiel ein Regal für Erzählungen und ein anderes für Sachbücher.

Bücher aussuchen

Die Zahl der Kinderbücher ist schier unüberschaubar. Womit soll man also beginnen? Hier einige Richtlinien, die Ihnen bei Ihrer Entscheidung helfen.

- Nehmen Sie sich für den Gang in die Buchhandlung oder die Bücherei so viel Zeit wie möglich.
- Nehmen Sie, wann immer möglich, Ihr Kind in den Buchladen mit. So erfährt es, wie viel Spaß das Schmökern in Büchern macht.
- Bei der Auswahl eines Buches für Ihr Kind wählen Sie eines, das seinem Alter entspricht. Suchen Sie ein Buch zum Geschichtenerzählen, dann nehmen Sie eines, dessen Altersempfehlung ein bis eineinhalb Jahre über dem Alter Ihres Kindes liegt.
- Wählen Sie eine Mischung aus kurzen und langen Geschichten, und wenn Ihr Kind älter wird, hat es vielleicht ein Buch mit Gutenachtgeschichten, aus dem Sie ihm jeden Abend ein Kapitel vorlesen.
- Überprüfen Sie, ob in dem Buch irgendwelche Angst einjagenden Bilder oder Texte enthalten sind. Das ist besonders wichtig bei Büchern, die vor dem Schlafengehen gelesen werden. Wichtig ist auch, nicht nur die ersten paar Seiten durchzublättern, denn die Geschichte könnte ein unerwartetes Ende nehmen.

- Greifen Sie zu Inhalten, von denen Sie wissen, dass sie Ihr Kind interessieren – zum Beispiel Tiere oder Fortbewegungsmittel. Denken Sie auch an Bücher, die sich mit Themen wie Gefühlen, dem Teilen mit anderen und Freundschaft beschäftigen.
- Stellen Sie sicher, dass Fantasie- und Alltagsgeschichten sich in etwa die Waage halten und eine breite Palette menschlicher Emotionen in den Büchern vorkommt.
- Sachbücher eignen sich prima dazu, mit neuen Situationen umzugehen, wie zum Beispiel einem weiteren Baby in der Familie, einem Arztbesuch oder dem ersten Schultag. Sie können auch dazu verwendet werden, um ein Spezialthema, für das Ihr Kind sich interessiert – beispielsweise Dinosaurier –, zu erforschen oder um die Welt um uns herum zu erklären.
- Wählen Sie Bücher mit klaren Illustrationen, die den Text bereichern. Bei Erzählungen ist darauf zu achten, dass die Geschichte gut strukturiert ist.
- Sehr wichtig ist auch, dass Sie Ihr Kind bei der Buchauswahl mit entscheiden lassen.

So lesen Sie Ihrem Kind vor

»Sitzt du bequem? Gut, dann fange ich an zu erzählen.« So sollten alle Geschichten beginnen, denn der Spaß an einer Erzählung steigt, wenn wir es bequem haben und aufnahmebereit sind. Setzen Sie eine bestimmte Zeit für das Geschichtenerzählen fest und vergewissern Sie sich, dass Ihr Kind sich wohl fühlt und bereit ist zum Zuhören. Überlegen Sie, ob Sie nicht im Kinderzimmer eine Leseecke mit Sitzkissen und einer weichen Decke für den Winter einrichten. Vergewissern Sie sich auch, dass Ihr Kind das Buch und, was noch wichtiger ist, die Bilder gut sehen kann.

- Die Art und Weise, wie eine Geschichte vorgelesen wird, hat Einfluss darauf, wie Ihr Kind dem Geschehen folgt und ob es das Vorgelesene versteht. Ich schlage vor, dass Sie die Geschichte vorab durchlesen. So sind Sie in der Lage zu überprüfen, ob sie sich als Lektüre eignet. Dadurch können Sie aber auch in die Erzählung einführen und Ihr Kind vorab begeistern. Sie könnten zum Beispiel sagen: »Diese Geschichte bringt mich zum Lachen, weil…« Alternativ können Sie ihm auch etwas über den Anfang der Geschichte erzählen, indem Sie beispielsweise sagen: »Bei dieser Geschichte begibt sich eine kleine Maus auf eine Abenteuerreise; sehen wir mal, was passiert.«
- Bei einigen Geschichten müssen Sie Ihr Kind vielleicht beruhigen. Beim Märchen *Hänsel und Gretel* könnten Sie zum Beispiel erklären, dass Hexen nur in Geschichten vorkommen. Zu älteren Kindern könnten Sie sagen: »Diese Geschichte handelt von zwei Geschwistern und einer bösen Hexe. Ich glaube, dass die Kinder schlauer sind – finden wir es einfach heraus.«
- Stellen Sie während des Vorlesens Fragen und geben Sie Kommentare ab. Wissen Sie, dass die Geschichte einen sehr spannenden Punkt erreicht, dann legen Sie vorher eine Pause ein und bitten Ihr Kind zu erraten, wie es wohl weitergehen wird. Sie können zum Beispiel fragen: »Glaubst du, dass der kleine Junge gerettet wird?« Behandelt die Geschichte ein spezielles Kinderthema, wie das Teilen von Dingen, könnten Sie die Situation folgendermaßen kommentieren: »Das war wirklich nicht sehr nett von dem kleinen Mädchen, ihre Spielsachen nicht mit den anderen Kindern zu teilen.« Wenn Sie auf diese Weise Fragen stellen und das Geschehen kommentieren, wird Ihr Kind dasselbe tun wollen. Achten Sie jedoch darauf, dass dadurch das Vorlesen nicht auf der Strecke bleibt. Befürchten Sie, dies könnte der Fall sein, dann sagen Sie zu Ihrem Kind: »Lass uns mit der Geschichte fortfahren. Wenn wir damit fertig sind, können wir über die Frage nachdenken.« Ist das Ende der Geschichte erreicht, nehmen Sie sich die Zeit, um mit Ihrem Kind über das Gelesene zu sprechen.

Spaß an Wortspielen

Durch das Geschichtenerzählen hat Ihr Kind erfahren, wie viel Freude der Umgang mit Sprache bereiten kann. Jetzt können Sie ihm helfen, die Macht der Worte über Klänge, Rhythmen und Reime zu ergründen.

Kinderreime

- Kinderreime beeindrucken uns als Kinder derart, dass wir uns auch noch als Erwachsene an sie erinnern können. Die Tatsache, dass Ihr Kind den ursprünglichen Sinn des Reimes möglicherweise nicht versteht, schmälert seinen Spaß daran nicht im Geringsten. Der Reiz von Kinderreimen liegt u. a. im blanken Unsinn der Bilder – der *Bi-Ba-Butzemann*, der im Haus herumtanzt oder *der kleine Wurm Karl-Theodor*, der gerne mal auf einer Nase Rast macht.
- Kinderreime machen Ihr Kind damit vertraut, dass Wörter sich reimen können. Das ist gerade für Kinder ein interessanter Aspekt. Sie können dieses Interesse zusätzlich fördern, indem Sie sich die Wörter, die sich reimen, genauer anschauen. Vielleicht finden Sie noch ein anderes Wort, das sich ebenfalls darauf reimt, oder Sie konstruieren einen lustigen Satz daraus.
- Kinder haben auch viel Freude an Reimen, bei denen man beim Aufsagen irgendetwas tut. Das hilft ihnen nicht nur, sich an den Reim zu erinnern, sondern schult zudem auch ihren Koordinationssinn. Damit Ihr Kind den Rhythmus der Wörter erkennt, klatschen Sie beim Aufsagen des Reimes in die Hände.

Gedichte

- Die Reime und Wortspiele von Gedichten sind komplizierter als jene in Kinderreimen. Wie auch Geschichten können Gedichte einem Kind ein tieferes Verständnis von der Welt um sich herum vermitteln und Kindheitserfahrungen zum Thema haben. Doch anders als bei Erzählungen ist die Erfahrung hier intensiver und konzentrierter. An der Geschichte *Ein Kater macht Theater* lieben die Kinder die absurden Bilder, welche durch das Wortspiel entstehen. Sie lieben das Gedicht auch deshalb, weil sie wissen, dass die Geschichte frei erfunden ist. Gedichte und Reime kann man auch als Gedächtnisstütze zum Lernen von bestimmten Dingen, wie zum Beispiel Wochentagen oder Monatsnamen, verwenden.
- Kinder lieben es, Gedichte auswendig zu lernen, und sie sind besonders stolz auf sich, wenn sie das Gedicht aufsagen können. Beginnen Sie mit einem Gedicht, das nicht länger als vier Zeilen ist, und gehen Sie dann erst zu etwas Längerem über. Ihr Ziel sollte sein, die Freude an der Sprache zu fördern und sich nicht auf Techniken zu konzentrieren, mit deren Hilfe man Sprache lernt. Verbringen Sie nie mehr als zehn Minuten am Stück mit dem Auswendiglernen eines Gedichtes.
- Genauso beliebt wie das Auswendiglernen von Gedichten sind Zungenbrecher wie zum Beispiel *Fischers Fritz*.

Geschichten erfinden

- Indem Sie Ihrem Kind helfen, seine eigenen Geschichten zu erfinden, machen Sie ihm auch begreiflich, wie eine Geschichte aufgebaut wird. Beginnen Sie damit, mit Ihrem Kind über die Charaktere und deren Namen zu diskutieren sowie darüber, wo sie wohnen. Bringen Sie dann Ideen ein, welches Schicksal diesen Charakteren widerfahren könnte. Fragen Sie zum Beispiel: »Gehen sie auf eine Abenteuerreise?« Erzählen Sie die Geschichte, aber unterbrechen Sie öfter, um Ihr Kind zu fragen: »Was passiert als Nächstes?« Ist die Geschichte zu Ende, kommentieren Sie die Ideen, die Ihr Kind eingebracht hat. Sie können beispielsweise sagen: »Das war wirklich eine gute Idee, dass der Großvater die Kinder gerettet hat.«

Das phonische Alphabet

In Montessori-Schulen werden die phonischen Laute des Alphabets immer vor den Buchstabennamen gelehrt. Neben dem phonischen Laut eines Buchstabens unterrichten wir auch, wie man den Buchstaben nachmalt, und zwar in derselben Richtung, in der man ihn auch schreibt.

Bei dieser Übung werden mit Salz gefüllte Bleche verwendet, weil Kinder auf das Berühren des Salzes reagieren, was ihnen hilft, sich die Richtung zum Nachmalen dieses Buchstabens einzuprägen. In Montessori-Schulen verwenden die Lehrer Buchstaben aus Sandpapier. Wenn Sie sich viel Arbeit machen möchten, dann können Sie auch Ihr eigenes Set aus Sandpapierbuchstaben basteln. Verwenden Sie als Richtlinie dazu die Buchstaben auf Arbeitsblatt 4. Malen Sie sie nach und kleben Sie die ausgeschnittenen Buchstaben auf dicken Karton.

Sie benötigen

- zwei kleine Kuchenbleche (20 x 30 cm)
- Salz, um die Bleche damit zur Hälfte zu füllen
- Arbeitsblatt 3

1 Vergewissern Sie sich, dass Ihr Kind saubere, trockene Hände hat. Bitten Sie Ihr Kind, eines der Bleche zum Tisch zu tragen, während Sie das andere nehmen. Stellen Sie ein Blech vor Ihr Kind und eines zu Ihrer Rechten.

Tipp

- Lassen Sie sich nicht dazu verleiten, einen der Schritte zu überspringen.
- Versuchen Sie, Ihr Kind dazu zu bringen, den Buchstaben in Lautsprache vor sich hinzusagen, während es ihn mit dem Finger nachmalt.
- Führen Sie nicht mehr als zwei Buchstaben auf einmal ein. Wählen Sie dabei Buchstaben, die sich stark voneinander unterscheiden.
- Ist Ihr Kind nicht in der Lage, einen Buchstaben zu benennen, dann gehen Sie in der Übung einen Schritt zurück.

Sprachentwicklung / 85

2 Malen Sie den Buchstaben »a« mit dem Zeigefinger nach, wozu Sie das Blech in seiner ganzen Breite nutzen. Sprechen Sie den Buchstaben laut aus (benutzen Sie das Arbeitsblatt als Hilfestellung). Geben Sie das Tablett an Ihr Kind weiter, so dass es den Buchstaben mit dem Finger nachziehen kann. Währenddessen sagen Sie: »Das ist ein ›a‹.«

3 Tauschen Sie die Bleche aus und wiederholen Sie die vorangegangenen Schritte mit den Buchstaben »t«. Damit sich alles besser einprägt, wiederholen Sie die Schritte noch einmal mit beiden Buchstaben.

4 Stellen Sie beide Bleche vor Ihr Kind und fragen Sie es: »Kannst du mir das ›a‹ und das ›t‹ zeigen?«

5 Dann tauschen Sie die Bleche. Diesmal fragen Sie: »Kannst du das ›a‹ und das ›t‹ nachmalen?«. Fragen Sie anschließend: »Welches ist das ›a‹ und welches ist das ›t‹? Kannst du sie nachmalen?«

6 Zeigen Sie auf das Blech mit dem »a« und fragen Sie: »Was ist das?« Nachdem Ihr Kind den Buchstaben genannt hat, bitten Sie es, den Buchstaben nochmals auszusprechen und nachzumalen. Zeigen Sie dann auf das Blech mit dem »t« und folgen Sie denselben Schritten.

7 Wiederholen Sie die Übung ein zweites Mal, beginnend mit dem Buchstaben »t«.

Zum Ausprobieren

Führen Sie langsam alle Buchstaben des gesprochenen Alphabets ein. Dabei wiederholen Sie stets die beiden Buchstaben aus der letzten Lektion. Notieren Sie sich, welche Buchstaben Sie bereits behandelt haben.

Suchen Sie drei oder vier kleine Gegenstände zusammen, deren Anfangsbuchstaben gleich ausgesprochen werden – zum Beispiel Bär, Ball und Becher. Stellen Sie diese zusammen mit fünf Gegenständen, deren Anfangsbuchstaben alle unterschiedlich klingen, auf ein Tablett. Bitten Sie Ihr Kind, das Tablett zum Tisch zu bringen. Nun fordern Sie es auf, jene Gegenstände ausfindig zu machen, die mit dem von Ihnen genannten Anfangsbuchstaben beginnen.

Bitten Sie Ihr Kind, alle Gegenstände vom Tablett zu nehmen, die nicht mit dem von Ihnen genannten Buchstaben beginnen.

Wählen sie zwei oder drei Gegenstände mit unterschiedlichen Anfangsbuchstaben und bitten Sie Ihr Kind, sie nach den verschiedenen Buchstaben zu sortieren. Unterstützend können Sie Fragen wie »Welche Gegenstände beginnen mit einem ›b‹-Laut?« stellen.

Buchstaben erkennen

Bei den beiden nächsten Übungen liegt das Hauptaugenmerk auf den geschriebenen Symbolen für die unterschiedlichen Buchstaben. Bei der ersten Aktivität benutzen Sie wiederum ein mit Salz bestreutes Tablett, um den Buchstaben zu schreiben, der dann einem Papierbuchstaben zugeordnet werden muss. Wird Ihr Kind im Erkennen der Buchstaben sicherer, können Sie ihm immer mehr Buchstaben zum Auswählen vorlegen.

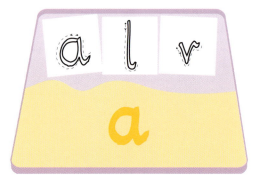

Sie benötigen

- Arbeitsblatt 4
- einen Korb oder Behälter
- ein Kuchenblech (20 x 30 cm)
- Salz, um das Blech damit zur Hälfte zu füllen

Fotokopieren Sie das Arbeitsblatt und schneiden Sie die Buchstaben entlang den gestrichelten Linien aus. Legen Sie die einzelnen Buchstaben in den Korb und füllen Sie das Tablett mit Salz.

1 Bitten Sie Ihr Kind, den Korb zum Tisch zu bringen, während Sie das mit Salz gefüllte Blech tragen. Stellen Sie das Blech vor Ihr Kind und den Korb vor sich.

2 Wählen Sie drei Buchstaben aus dem Korb aus. Überprüfen Sie, ob die Buchstaben sich von der Form her unterscheiden. Reihen Sie die Buchstaben über dem mit Salz bestreuten Teil des Tabletts auf. Ziehen Sie einen der Buchstaben im Salz nach. Bitten Sie Ihr Kind, Ihre Linie nachzufahren und dann den passenden Papierbuchstaben zuzuordnen.

3 Wiederholen Sie diese Schritte, bis Sie etwa acht Buchstaben abgehandelt haben.

Zum Ausprobieren

Erhöhen Sie die Zahl der ausgewählten Papierbuchstaben von drei auf sechs.

Sprachentwicklung / 87

Papierbuchstaben zuordnen

Für diese Aktivität verwenden Sie zwei Sets Papierbuchstaben. Während bei der vorangegangenen Übung nur ein Buchstabenpaar einander zugeordnet werden musste, steigt die Zahl nun erst auf drei, dann auf sechs und schließlich auf acht Paare.

Sie benötigen

- Arbeitsblatt 4
- eine Schere
- zwei kleine Körbe oder Behälter

Fotokopieren Sie einen weiteren Satz Buchstaben. Legen Sie jeden Satz in einen Korb oder Behälter.

1 Bitten Sie Ihr Kind, einen der Körbe an den Tisch zu bringen, während Sie den anderen Korb nehmen. Fordern Sie Ihr Kind auf, einen der Körbe vor sich und den anderen Korb vor Sie zu stellen.

2 Bitten Sie Ihr Kind, drei Buchstaben aus dem Korb zu ziehen und diese vor dem Korb aufzureihen. Suchen Sie aus Ihrem Korb die gleichen drei Buchstaben heraus und legen Sie sie als Stoß vor Ihr Kind.

3 Bitten Sie Ihr Kind, die Buchstaben einander zuzuordnen, bis alle drei Buchstabenpaare vor ihm liegen. Legen Sie die Buchstaben im Doppelpack auf einen Stoß zu Ihrer Rechten. Nach Beenden der Übung müssen Sie die Buchstaben wieder in zwei Alphabetsätze aufteilen.

Zum Ausprobieren

Zunächst lassen Sie Ihr Kind drei Buchstabenpaare einander zuordnen, dann sechs Paare und schließlich acht.

Ordnen Sie einen Buchstabensatz in alphabetischer Reihenfolge auf einem großen Tablett an. Geben Sie das andere Set in einen Korb. Bitten Sie Ihr Kind, einen Buchstaben aus dem Korb zu ziehen und es dem entsprechenden Buchstaben auf dem Tablett zuzuordnen. Vielleicht müssen Sie einige Hinweise geben wie: »Wirf mal einen Blick auf die oberste Reihe.«

Wörter bilden

Diese Übung stellt einen wichtigen Schritt in Hinblick auf das Endziel »Lesen« dar. Durch das Zuhören, wie die Buchstaben ausgesprochen werden, bildet es Wörter, visuell und akustisch.

Sie benötigen

- Arbeitsblatt 4
- Arbeitsblatt 5
- eine Schere
- zwei Umschläge
- ein großes Tablett
- Klebepads

Vergrößern Sie das Arbeitsblatt 4 auf A3-Format und fotokopieren Sie es fünfmal. Befestigen Sie ein Blatt mit einem Klebepad auf dem Tablett und schneiden Sie aus den restlichen Blättern die einzelnen Buchstaben aus. Stapeln Sie die Buchstaben in Stößen auf dem Blech, um sie den Buchstaben auf dem Alphabetblatt zuordnen zu können.

Vergrößern Sie Arbeitsblatt 5 auf A3-Format und fotokopieren Sie es einmal. Schneiden Sie die Wörter und Bildchen aus und sortieren Sie sie in die entsprechenden phonischen Lautgruppen. Geben Sie jede Gruppe in einen separaten Umschlag. Verwenden Sie zuerst die Bilder, die Wörter kommen später an die Reihe.

1 Bitten Sie Ihr Kind, einen Umschlag auf den Boden zu legen; Sie tragen das Tablett. Arbeiten Sie möglichst auf einem Teppichboden, der jedoch nicht gemustert sein sollte, da dies von der Aufgabe ablenken könnte. Stellen Sie das Tablett vor Ihr Kind und legen Sie den Umschlag vor sich.

2 Nehmen Sie nun drei Bildchen aus dem Umschlag und legen Sie diese vor Ihr Kind. Bitten Sie es, eines der Bildchen – zum Beispiel das mit dem Bus – auszuwählen. Sagen Sie:

> **Tipp**
> ■ Diese Aktivität verlangt, aufmerksam auf den individuellen Klang des Wortes zu achten. Lassen Sie sich deshalb Zeit und sprechen Sie die einzelnen Wörter langsam und deutlich aus.
> ■ Für einige Kinder sind zwei Wörter das Maximum, mit dem sie zurechtkommen, wenn sie diese Übung zum ersten Mal machen.
> ■ Wählt Ihr Kind den falschen Buchstaben, sagen Sie einfach: »Lass uns noch einmal genau hinhören.« Legt es den Buchstaben falsch herum, brauchen Sie meist nichts zu sagen, da es seinen Fehler beim Vergleichen mit der entsprechenden Wortkarte selbst entdecken wird.

»Wir setzen jetzt das Wort ›Bus‹ aus den Buchstaben zusammen.« Bitten Sie Ihr Kind, das Bild zu seiner Linken knapp unter dem Tablett abzulegen.

3 Sagen Sie nun: »Welchen Laut kannst du als Erstes hören, wenn ich ›Bus‹ sage?« Lassen Sie Ihr Kind das Wort einige Male mit Ihnen zusammen aufsagen, wobei Sie jeden Laut langsam und deutlich aussprechen. Helfen Sie ihm dabei, die Betonung nur auf den ersten Laut zu legen.

4 Sagt Ihr Kind »b«, dann bitten Sie es, das »b« vom Alphabet-Tablett auszuwählen und es unter das Bild zu legen.

5 Nun sagen Sie zu Ihrem Kind: »Wir haben nun das ›b‹, aber jetzt müssen wir uns den nächsten Laut anhören.« Wiederholen Sie dieselben Schritte wie vorher, um das »u« zu finden, und platzieren Sie es neben dem »b«. Vielleicht will Ihr Kind auch gleich zum Endungslaut »s« übergehen (Kindern fällt es nämlich viel leichter, den Anfangs- und Endungslaut aus Wörtern herauszuhören). In diesem Fall befolgen Sie dieselben Schritte. Will es jedoch das »s« gleich neben das »b« legen, bitten Sie es, einen Zwischenraum zu lassen. Sagen Sie ihm, dass es noch einmal genau hinhören muss, damit es einen weiteren Buchstaben findet, der dazwischengehört.

6 Fragen Sie Ihr Kind: »Kannst du den letzten Laut aus ›Bus‹ heraushören?« Befolgen Sie dieselben Schritte, bis der Buchstabe »s« gefunden ist. Legen Sie ihn neben das »b« und das »u«, um »Bus« zu vervollständigen.

Zum Ausprobieren

Wiederholen Sie die Schritte mit einem zweiten und dritten Wort aus derselben Vokalgruppe. Verwenden Sie Wörter mit so wenigen Buchstaben wie möglich – zum Beispiel Box oder Topf.

Hat Ihr Kind die Übung mit drei Wörtern absolviert, fragen Sie es, ob es noch ein viertes Wort bilden möchte. Steigern Sie die Zahl der Wörter schrittweise auf sechs. Erhöhen Sie die Zahl nur in dem Tempo, das Ihrem Kind entspricht.

Hat Ihr Kind eine Vokalgruppe abgeschlossen, gehen Sie zu einer anderen über. Da der neue Vokal anders klingt, gehen Sie das erste und vielleicht auch zweite Wort gemeinsam durch.

Führen Sie längere Wörter ein. Sie können dazu nach dem Beispiel von Arbeitsblatt 5 ein Blatt mit entsprechenden Wörtern und Bildern erstellen.

Lesen mithilfe der Wort- und Bildkarten

Für diese Übung verwenden wir dieselben Bildkarten wie in der vorangegangenen Übung. Dieses Mal allerdings als Hilfe, um das geschriebenen Wort zu decodieren. Ihr Kind muss deshalb die letzte Übung abgeschlossen haben, bevor Sie mit dem Lesen der Karten beginnen können.

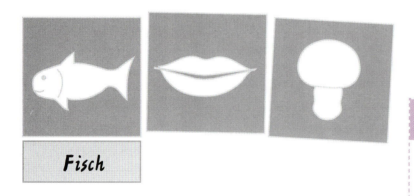

Sie benötigen

- Bild- und Wortkarten aus Arbeitsblatt 6
- Briefumschläge

Tipp ■ Sprechen Sie die Wörter mit Ihrem Kind zusammen laut aus und werden Sie dabei jedes Mal etwas schneller, so dass es hört, wie die Laute ineinander übergehen. Gleichzeitig muss es die Bilder im Blick behalten, um zu verstehen, wie sie ihm helfen, die Worte zu erfassen.

1 Wählen Sie aus den Bild- und Wortkarten eine Gruppe aus (zum Beispiel alle mit demselben Vokal) und bitten Sie Ihr Kind, den Umschlag zum Tisch zu bringen.

2 Wählen Sie drei Bilder aus und bitten Sie Ihr Kind, diese vor sich in der Mitte des Tisches aufzureihen. Während es dies tut, finden Sie dazu die passenden Wortkarten und legen sie als Stoß vor Ihr Kind.

3 Bitten Sie Ihr Kind nun, das erste Wort vorzulesen. Dabei muss es die einzelnen Laute langsam sprechen. Fragen Sie es, wie der erste Buchstabe des Wortes lautet. Fordern Sie es auf, nach einem Bild zu suchen, das mit diesem Laut beginnt. Falls nötig gehen Sie mit ihm jedes Bild einzeln durch und fragen es dabei nach dessen Anfangslaut. Hat Ihr Kind das Wort vorgelesen, bitten Sie es, die Wortkarte unter das entsprechende Bild zu legen.

4 Wiederholen Sie diese Schritte, bis alle Wortkarten vorgelesen sind und eine Reihe mit Bildern und den dazugehörigen Begriffen entstanden ist. Kommt Ihr Kind mit einem der Wörter nicht zurecht, sagen Sie zu ihm: »Wir kommen später darauf zurück.« Schieben Sie das Wort unten in den Stapel, so dass Sie am Ende einen neuen Versuch starten können.

Zum Ausprobieren

Ist Ihr Kind im Zuordnen von Wörtern und Bildern geübt, dann erhöhen Sie die Zahl der Bilder auf sechs. Bitten Sie Ihr Kind, die Karten in zwei Dreierreihen auszulegen. Sie können dabei die vorherigen drei Karten mit verwenden, denn es ist gut, Bekanntes und Neues zu mischen. Setzen Sie sich zu Ihrem Kind, bis es das erste oder die ersten beiden Wörter vorgelesen und den entsprechenden Bildkarten zugeordnet hat. Sagen Sie ihm dann, dass Sie in fünf Minuten nachsehen, wie es ihm geht. Nach Ihrer Rückkehr bitten Sie es, die Wörter vorzulesen und jeden Laut auszusprechen, der in dem Wort vorkommt.

Lassen Sie Ihr Kind die anderen Vokalgruppen durcharbeiten. Setzen Sie sich wie bei der vorherigen Übung zu Ihrem Kind, bis es mit der ersten oder den ersten beiden Karten fertig ist. Dann sagen Sie ihm, dass Sie in fünf Minuten zurück sind. Wenn Sie wieder bei ihm sind, bitten Sie es, die Wörter vorzulesen und jeden Laut auszusprechen, der in dem Wort vorkommt.

Satzteile bilden

An dieser Übung wird Ihr Kind Spaß haben, denn es kann dabei völlig unsinnige Sätze bilden. Durch die Wortbildungs- und Leseaktivitäten hat Ihr Kind gelernt, kurze Wörter zu bilden und zu lesen. Bei der nächsten Übung lernen die Kinder, die Wörter in einen Satzzusammenhang zu stellen, und in der darauf folgenden Übung, aus ihnen einen Satz zu bilden. Sie erfahren außerdem zum ersten Mal von so genannten Sichtwörtern, also Wörtern, die nicht »ausgehorcht« werden können, sondern die man sich durch Betrachten einprägen muss, wie zum Beispiel »der/die/das«.

Der/Die/Das	Sonne	saß
Ein/Eine	Dose	springt
	Katze	hüpft
		gräbt
		läuft
		legt

Sie benötigen

- Arbeitsblatt 6
- Ein Set Bild- und Wortkarten aus Arbeitsblatt 5
- eine Schere
- drei Briefumschläge
- Buntstifte

Fotokopieren Sie Arbeitsblatt 6 zweimal und malen Sie jede Spalte in einer anderen Farbe aus: Nehmen Sie Blau für die Artikel und Gelb für die Verben. Schneiden Sie die einzelnen Wörter aus und geben Sie diese in einem separaten Umschlag zu den Bildern.

1 Legen Sie die Umschläge auf das Tablett. Bitten Sie Ihr Kind, das Tablett an den Tisch zu bringen und sich zu Ihrer Linken hinzusetzen. Das Tablett sollte in der Mitte vor Ihrem Kind stehen. Fordern Sie Ihr Kind auf, drei Bildkarten aus dem Umschlag mit den Bildern auszuwählen und diese vor sich aufzureihen.

Tipp
- Bewahren Sie die Bild- und Wortkarten jeweils in einem separaten Umschlag und getrennt von den anderen Materialien auf.
- Behalten Sie stets dieselbe Wortfolge bei. Beginnen Sie mit dem Substantiv, gefolgt von Verb und einem Artikel.

Sprachentwicklung / 93

2 Nehmen Sie aus dem Umschlag mit den Wörtern die Karten mit den Verben und Artikeln heraus und ordnen Sie diese auf dem Tablett in Längsreihen untereinander. Fügen Sie die drei Substantivkarten hinzu, die Ihr Kind ausgewählt hat. Legen Sie den Umschlag zu Ihrer Rechten ab.

3 Bitten Sie Ihr Kind, eines der Bilder auszuwählen und in die Mitte des Tisches knapp unter das Tablett zu legen. Nun soll es den Gegenstand auf dem Bild benennen und das passende Wort auf dem Tablett herauszusuchen. (Sie werden mit dem Finger auf die Spalte mit den Substantiven zeigen müssen.) Bitten Sie Ihr Kind, die Karte unter das entsprechende Bild zu legen.

4 Fordern Sie Ihr Kind auf, eine zum Substantiv passende Tätigkeit zu nennen. Hat es zum Beispiel das Wort »Katze« ausgewählt, fragen Sie, was eine Katze wohl tun könnte. Zeigen Sie ihm die Spalte mit den Verben, damit es die Wörter unter Ihrer Anleitung durchliest. Bitten Sie Ihr Kind, eine Karte auszuwählen und hinter dem Substantiv zu platzieren. Wenden Sie bei den anderen beiden Bildern dieselben Schritte an.

5 Kehren Sie zum ersten Bild zurück und erklären Sie, dass alle Hauptwörter vor sich »der/die/das« oder »ein/e« stehen haben müssen. Nennen Sie dazu ein Beispiel wie »Der Frosch hüpft«. Bitten Sie Ihr Kind, »der/die/das« oder »ein/e« für diesen Satz auszuwählen. (Halten Sie sich in diesem Übungsstadium noch nicht damit auf, wann und in welcher Deklination – Genitiv, Dativ... – man den bestimmten oder unbestimmten Artikel verwendet oder welches Geschlecht ein Substantiv hat.) Wenden Sie dieselben Schritte an, um auch die anderen beiden Sätze mit einem Artikel zu versehen.

Zum Ausprobieren

Kann Ihr Kind drei Sätze konstruieren, dann verwenden Sie zusätzlich zu den schon bekannten drei weitere Bildkarten aus dieser Gruppe. Fahren Sie mit dem Rest der Vokalgruppe fort, bis Sie schließlich zu den längeren Wörtern kommen. Dabei arbeiten Sie jedoch stets mit Dreiergruppen.

Einen Satz bilden

Ist Ihr Kind damit vertraut, einen Satzteil zu konstruieren, dann bauen Sie den Satzteil in einen Satz ein. Bei dieser Übung werden ein Adjektiv, eine Präposition, ein zweiter Artikel und ein zweites Substantiv hinzugefügt. Der Spaß besteht bei dieser Aktivität darin, dass Ihr Kind so unsinnige Sätze konstruieren kann, wie es nur will. Der Satz muss keinen Sinn ergeben. Diese Tätigkeit ist anspruchsvoll; lassen Sie Ihr Kind deshalb wissen, wie toll es die Aufgabe gemacht hat, wenn es damit fertig ist.

Sie benötigen

- Papier
- einen schwarzen Filzstift
- alle Wortkarten aus den Arbeitsblättern 5 und 6

Tipp

- Warten Sie mit dem Vorangehen zur nächsten Stufe so lange, bis Ihr Kind die jeweilige Stufe dieser Übung sicher beherrscht.
- Halten Sie die Satzteile, während Sie mit Ihrem Kind arbeiten, voneinander getrennt.
- Denken Sie daran, dass die Sätze in diesem Übungsstadium logisch noch nicht völlig schlüssig sein müssen. Wichtig ist, dass Ihr Kind die Bedeutung des Satzes versteht.

Sprachentwicklung / 95

1 Folgen Sie denselben Schritten wie bei der vorangegangenen Übung. Diesmal ergänzen Sie die Satzteile jedoch um Adjektive. Sagen Sie Ihrem Kind, dass es sich dabei um ein Eigenschaftswort handelt. Lassen Sie zwischen dem bestimmten oder unbestimmten Artikel und dem Substantiv einen Zwischenraum. Sagen Sie: »Wir fügen jetzt ein neues Wort hinzu, das unser/e … beschreibt.«

Die rote Katze saß

2 Fahren Sie wie gewohnt fort. Ergänzen Sie jedoch die Satzteile um Präpositionen. Nachdem Ihr Kind die Adjektive hinzugefügt hat, sagen Sie: »Wir fügen jetzt wieder ein neues Wort hinzu, das uns sagt, wo die Katze saß.«

Die rote Katze saß auf

3 Fahren Sie weiter wie gewohnt fort. Nun ergänzen Sie die Satzteile um ein zweites Substantiv. Nachdem Ihr Kind die Präpositionen hinzugefügt hat, sagen Sie: »Wir fügen jetzt ein neues Wort hinzu, das uns sagt, worauf die Katze saß.« Lassen Sie zwischen der Präposition und dem Substantiv etwas Platz.

Die rote Katze saß auf Baumstamm

4 Ergänzen Sie die Satzteile nun um einen zweiten bestimmten oder unbestimmten Artikel. Nachdem Ihr Kind das Substantiv hinzugefügt hat, versteht es vielleicht, warum Sie vor diesem etwas Platz frei gelassen haben. Wenn nicht, erinnern Sie Ihr Kind daran, dass es einen bestimmten oder unbestimmten Artikel braucht.

Die rote Katze saß auf dem Baumstamm

5 Hat Ihr Kind den Satz konstruiert, erklären Sie, dass Sie beide nun einen Satz zusammengestellt haben, und gehen gemeinsam noch einmal alle Schritte durch. Sie können sogar einen Punkt aus Papier verwenden. Lassen Sie Ihr Kind nun die anderen beiden Satzteile zu ganzen Sätzen ergänzen.

Die rote Katze saß auf dem Baumstamm.

Ein Tagebuch basteln

Das Basteln eines Tagebuchs ist eine sehr gute Übung, die Kindern zeigt, dass Dinge aufeinander folgen. Vielleicht warten Sie mit dieser Beschäftigung bis zu den nächsten Ferien. Sie können aber auch die Geschehnisse einer ganz normalen Woche zu Papier bringen.

Sie benötigen

- einen Skizzenblock oder ein Sammelalbum im A4-Format
- Klebstoff
- eine Schere
- Buntstifte
- Klebestreifen
- kleine durchsichtige Tütchen

Sprachentwicklung / 97

1 Die erste Zeile betiteln Sie mit »Mein Tagebuch«. Ist Ihr Kind alt genug, kann es diese Worte selbst schreiben. Schreiben Sie über jede Seite den Tag und das Datum, so dass eine Woche komplett ist.

2 Helfen Sie Ihrem Kind, jeden Tag Dinge zu sammeln, die es in seinem Tagebuch aufbewahren kann. Dazu eignen sich zum Beispiel Postkarten, Muschelschalen, Blätter, Federn, Blumen, Verpackungspapierchen, Eintrittskarten und natürlich Fotografien.

3 Halten Sie Ihr Kind dazu an, den Gegenstand noch am selben Tag in das Tagebuch einzuordnen, an dem es ihn gefunden hat. Sonst vergisst es vielleicht, wann es den Gegenstand entdeckt hat. Für Dinge wie Muschelschalen oder Federn eignen sich zum Aufbewahren kleine durchsichtige Tütchen, die Sie einkleben oder -heften. Gab es an einem Tag nichts zu sammeln, kann Ihr Kind ein Bild davon malen, was es an diesem Tag getan hat.

4 Ältere Kinder sollte man dazu ermuntern, einen oder zwei Sätze unter jedem Gegenstand oder jedem Bild zu notieren, um es auf diese Weise zu beschreiben. Ist das Tagebuch voll, schauen Sie es sich mit Ihrem Kind noch einmal an. Sie gehen dabei jeden Tag durch und fragen, ob es sich an die Geschehnisse des Tages erinnern kann. Das soll kein Test für Ihr Kind sein. Geben Sie ihm deshalb genügend Zeit zum Anschauen der Bilder oder Gegenstände, bevor es den Tag kommentiert.

Ein Buch anfertigen

Wie eine Geschichte aufgebaut ist, kann Ihr Kind am leichtesten nachvollziehen, indem es selbst ein Buch anfertigt. Bei dieser Aktivität besteht die »Geschichte« aus dem Lebenszyklus eines Schmetterlings, denn seine Entwicklung schreitet auf natürliche Weise voran. Bevor Ihr Kind an diesem Buch arbeiten kann, muss es mit dem Begriff »Lebenszyklus« vertraut sein. Am besten begreift es das Geschehen, wenn es den Ablauf mit eigenen Augen sieht. Sie können Raupeneier einschließlich der richtigen Nahrung und Brutstätte per Post bestellen, so dass Ihr Kind die Geschehnisse unmittelbar verfolgen kann. Ist das nicht möglich, dann sehen Sie sich gemeinsam ein Buch an, damit Ihr Kind darin die verschiedenen Stadien betrachten kann.

Sie benötigen

- ein weißes DIN-A4-Blatt
- ein Lineal
- einen Bleistift
- Farb- oder Filzstifte
- ein Buch über den Lebenszyklus eines Schmetterlings
- einen Locher
- ein Stück Schnur oder Band

Teilen Sie das Papier unter Zuhilfenahme des Lineals in sechs gleich große Quadrate auf.

Sprachentwicklung / 99

1. Sagen Sie Ihrem Kind, dass es nun sein eigenes Buch über den Lebenszyklus eines Schmetterlings anfertigen wird. Helfen Sie ihm, auf jedem Quadrat ein anderes Stadium des Zyklus aufzuzeichnen.

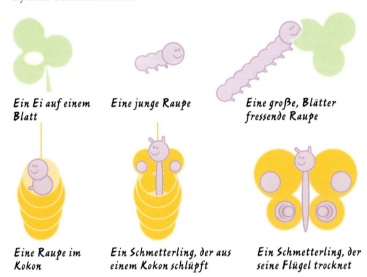

Ein Ei auf einem Blatt

Eine junge Raupe

Eine große, Blätter fressende Raupe

Eine Raupe im Kokon

Ein Schmetterling, der aus einem Kokon schlüpft

Ein Schmetterling, der seine Flügel trocknet

2. Bitten Sie Ihr Kind, die Motive auszumalen, auszuschneiden und jedes auf eine Seite zu kleben.

3. Ist Ihr Kind alt genug, dann spornen Sie es dazu an, jedes Bild mit einem oder zwei Sätzen zu beschriften.

4. Aus einem weiteren Blatt Papier oder Pappe basteln Sie das Deckblatt. Lochen Sie jedes Blatt und zeigen Sie Ihrem Kind, wie man das Buch mit einem Stück Schnur oder Band zusammenbindet. Bitten Sie es, das Deckblatt zu dekorieren.

Zum Ausprobieren

In seiner Geschichte *Die kleine Raupe Nimmersatt* beschreibt Eric Carle den Lebenszyklus des Schmetterlings. Die Raupe frisst sich durch eine ganze Reihe von Lebensmitteln, einschließlich Lutscher und Käse. Ihr Kind könnte diese Lebensmittel in solche seiner Wahl abwandeln. Vielleicht will Ihr Kind das Buch auch mit Löchern versehen.

Die Geschichte *Lieber Zoo* von Rod Campbell erzählt von einem Zoo, der immer wieder das »falsche« Tier als Haustier verschickt, bis doch noch ein Tier versandt wird, das »gerade richtig« ist. Ihr Kind könnte solche Tiere wählen, die ihm gefallen. Vielleicht möchte Ihr Kind auch das Buchcover mit einer Klappe versehen.

Einen Stammbaum erstellen

Das Erstellen eines Stammbaums vermittelt Ihrem Kind ein Gefühl dafür, wo sein Platz in der Familie ist. Außerdem lernt es die Begriffe »Vergangenheit«, »Gegenwart« und »Zukunft«.

Sie benötigen

- ein großes, farbiges Blatt Papier
- mehrere weiße Papierblätter
- Klebstoff
- Buntstifte oder Fotos von Familienmitgliedern

1 Bitten Sie Ihr Kind, einen großen Baum auf das große, farbige Blatt Papier zu zeichnen. Der Baum sollte die ganze Seite füllen. Sagen Sie Ihrem Kind, dass es nun einen Stammbaum anfertigt.

2 Fordern Sie Ihr Kind auf, auf jedes weiße Blatt Papier ein Familienmitglied zu zeichnen oder Fotos von ihnen herauszusuchen.

3 Helfen Sie Ihrem Kind die Bilder oder Fotos auf den Baum zu kleben Dabei kommen die Großeltern ganz nach oben, die Eltern in die Mitte und die Kinder nach unten. Vielleicht wollen Sie auch Tanten, Onkel, Cousinen und Cousins und sogar Haustiere mit auf dem Stammbaum verewigen.

4 Bitten Sie Ihr Kind, die oberste Zeile des Blattes mit »Mein Stammbaum« zu beschriften. Es könnte auch die Namen aller Familienmitglieder und deren Geburtsdaten ergänzen und mit Pfeilen auf ihre Bilder verweisen.

Mein Stammbaum

Sprachentwicklung / 101

Ein Bildgedicht erfinden

Bei dieser Übung verlassen wir den Weg des strukturierten Geschichtenschreibens: Ihr Kind kann dabei entdecken, wie viel Spaß Sprache machen kann. Bei einem Bildgedicht bilden die Wörter die tatsächliche Form dessen ab, worum es in dem Gedicht geht. Das funktioniert bei fast jedem Thema. Nachfolgend finden Sie einige Beispiele.

Schneckengedicht

- Bitten Sie Ihr Kind, den Gedichttext entlang der Spirale eines Schneckenhauses zu schreiben. Spornen Sie es an, Wörter zu verwenden, die – stimmig zum Schnecken-Motto – mit einem »s« beginnen, zum Beispiel »schlüpfrige« oder »schleimig«.

Meeresgedicht

- Fordern Sie Ihr Kind auf, die Wörter des Gedichts in Wellenform niederzuschreiben und dabei Wörter mit »W« wie »Wind« und »wogen« zu verwenden.

Mondgedicht

- Bitten Sie Ihr Kind, ein Gedicht in der Form eines Halbmondes zu schreiben und dabei Wörter zu verwenden, die das silberne Mondlicht widerspiegeln.

Tiergedicht

- Bei diesem Gedicht können Sie die Bewegungen eines Tieres, zum Beispiel eines hoppelnden Hasen, nachempfinden.

> **Tipp** Lesen Sie Ihrem Kind andere Gedichte dieser Art vor, damit es dadurch auf Ideen kommt. Dann helfen Sie ihm, seine eigenen Gedanken zu Papier zu bringen und sich darüber Gedanken zu machen, wie es die Wörter in der Form des Themengegenstandes anordnet.

Zusammen lesen üben

Nachdem Ihr Kind die vorangegangenen Übungen zum Zusammenstellen und Lesen von Wörtern gemeistert hat, sollte es nun in der Lage sein, kurze und mittellange phonische Wörter sowie einige Sichtwörter zu lesen. Ihr Kind ist jetzt reif für sein erstes Lesebuch. Viele Bücher sind speziell für Leseanfänger geschrieben. Sie müssen dabei ein Leseschema wählen, das auf der Lautsprache basiert. Das Buch sollte Schritt für Schritt vorgehen und in jeder neuen Stufe neuen Wortschatz einführen. Wählen Sie Bücher mit Substantiven aus, die Ihr Kind schon lesen kann. Es wird Ihnen auffallen, dass die Bücher demselben System folgen und sich von Wörtern über Satzteile hin zu vollständigen Sätzen vorarbeiten, ganz so wie die Übungen in diesem Kapitel.

- Seien Sie sehr positiv und ermutigend, wenn Sie Ihrem Kind ein neues Buch vorstellen.
- Nennen Sie ihm den Buchtitel und überlegen Sie beim Betrachten des Titelbildes gemeinsam, worum es in der Geschichte wohl gehen könnte.
- Erklären Sie Ihrem Kind, dass Sie sich zuerst die Bilder anschauen. Dadurch bekommt es eine ungefähre Vorstellung von der Geschichte, bevor es mit dem Lesen beginnt.
- Sagen Sie ihm, dass es schon einige Wörter kennt, die in dem Buch vorkommen. Blättern Sie das Buch durch und finden Sie jene Wörter, mit denen Ihr Kind bereits vertraut ist. Fordern Sie es auf, diese zu lesen. So gewinnt es an Zuversicht, dass es in der Lage ist, die ganze Geschichte zu lesen.
- Gehen Sie dann an den Anfang zurück, so dass Ihr Kind die Geschichte lesen kann. Legen Sie Ihren Finger unter jedes Wort, das es vorliest, und bitten Sie es, die einzelnen Buchstaben nach phonischen Lauten »auszuhorchen«, und zwar so, wie es dies bei den Leseübungen gelernt hat.
- Mit zunehmender Sicherheit erkennt es die Wörter, ohne dass es sie »aushorchen«

muss. Neue Sichtwörter müssen Sie Ihrem Kind vorlesen. Nach wiederholtem Vorlesen wird es die Wörter selbst erkennen.
- Damit sich wichtige Sichtwörter gut einprägen, können Sie für diese Leselernkarten anfertigen.
- Lassen Sie sich nie dazu hinreißen, die Bilder abzudecken, wenn Ihr Kind liest, »um zu sehen, ob es die Wörter wirklich kennt«. Die Bilder helfen Ihrem Kind beim Entziffern der Wörter.
- Keine Leseübung sollte länger als zehn Minuten dauern. Sprechen Sie mit Ihrem Kind über die Geschichte und beantworten Sie seine Fragen.
- Hat Ihr Kind ein Buch ausgelesen, dann zeigen Sie ihm, wie sehr Sie sich über seine Lesekünste freuen.
- Arbeiten Sie Bücher immer mehrmals durch. Lassen Sie sich nicht dazu verleiten, das nächste Buch in Angriff zu nehmen, bevor Ihr Kind nicht sicher aus seiner aktuellen Lektüre vorlesen kann.
- Bedenken Sie zu guter Letzt, dass diese Bücher für Kinder konzipiert sind. Auch wenn Sie den Inhalt der Bücher nicht gerade aufregend finden, kann Ihr Kind bestimmt etwas damit anfangen.

Rechenfertigkeiten

Maria Montessori stellte fest, dass die Mathematik auf einem abstrakten Konzept beruht. Sie hatte den Eindruck, dass man die Mathematik so konkret wie möglich präsentieren müsse, damit Kinder in der Lage sind, sie zu verstehen. Die Übungen in diesem Kapitel folgen diesem Prinzip. Sie beginnen mit konkreten Beispielen und werden dann immer abstrakter. Eltern sind oft sehr erstaunt darüber, dass Kinder Zahlen aufregend finden. Für Kinder sind Summen wie Zauberformeln, und Sie finden es faszinierend, dass zwei plus zwei vier ergibt und dass dieses Ergebnis immer stimmt. In diesem Kapitel finden Sie auch Zahlenspiele, die Ihr Kind dermaßen fesseln werden, dass es gar nicht merkt, dass es gerade Mathe lernt.

Nach Gruppen sortieren

Bei dieser einfachen Übung muss Ihr Kind Gegenstände nach Gruppen sortieren. Hat Ihr Kind das Konzept schließlich verstanden, wird die Tätigkeit differenzierter, indem es die Gegenstände nun nach Farbe, Form und Größe sortieren soll.

Sie benötigen

- vier Gruppen von kleinen Gegenständen, zum Beispiel Bleistifte, Perlen, Wäscheklammern und Knöpfe
- einen Korb oder Behälter zum Aufbewahren der Gegenstände
- vier je etwa 50 cm lange Schnüre

Rechenfertigkeiten / 107

1 Bitten Sie Ihr Kind, den Korb auf den Boden oder auf einen großen Tisch zu stellen und sich neben Sie zu setzen. Stellen Sie den Korb vor Ihr Kind und fragen Sie es, welche Gegenstände sich darin befinden. Erklären Sie, dass die Gegenstände kunterbunt gemischt sind und nun nach Gruppen sortiert werden müssen.

2 Nehmen Sie die Schnüre und bilden Sie damit Kreise um den Korb oder Behälter herum. Legen Sie in jeden Kreis einen Gegenstand.

Zum Ausprobieren

Legen Sie die Gegenstände wieder zurück in den Korb und bitten Sie Ihr Kind, die Objekte nach ihrer Farbe zu ordnen. Helfen Sie Ihrem Kind mit je einem Farbbeispiel auf die Sprünge.

Verwenden Sie verschiedene Holzgegenstände und fordern Sie Ihr Kind auf, diese nach ihrer Form zu ordnen – zum Beispiel nach Dreiecken, Quadraten und Kreisen. (Haben Sie keine Holzformen, dann fotokopieren Sie die Formen auf Arbeitsblatt 2.)

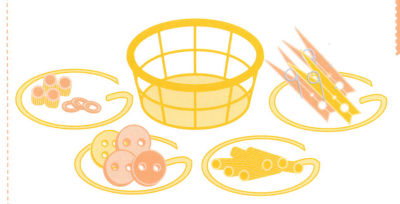

3 Fordern Sie Ihr Kind dazu auf, die übrigen Gegenstände den einzelnen Kreisen zuzuordnen.

Die Zahlen eins bis zehn

Bei dieser Übung wird die Größe der jeweiligen Zahl mithilfe von Zählstangen veranschaulicht. In der Rubrik »Zum Ausprobieren« können Sie diese Arbeit weiter vertiefen, indem Sie Ihr Kind Zahlen einander zuordnen und die »ungeraden Mengen ausspähen« lassen. Bitte beachten Sie, dass die Sprache ebenso wie die Übung selbst immer differenzierter wird; das hilft Ihrem Kind, den Mengenbegriff immer besser zu verstehen.

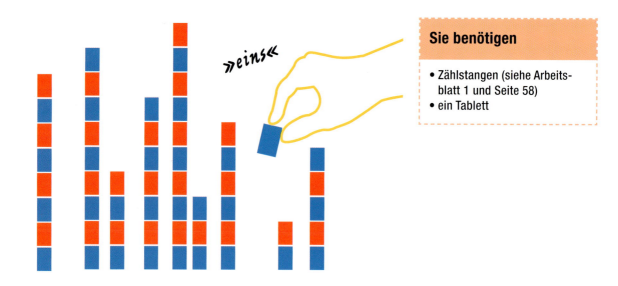

Sie benötigen

- Zählstangen (siehe Arbeitsblatt 1 und Seite 58)
- ein Tablett

Tipp

■ Vergewissern Sie sich, dass Ihr Kind immer auf die entsprechende Zahl zeigt und sie laut ausspricht.

■ Weiß Ihr Kind nicht mehr, wie die Zahl heißt, dann gehen Sie zu einer früheren Stufe der Übung zurück.

1 Legen Sie die ersten beiden Zählstangen auf das Tablett und bitten Sie Ihr Kind, das Tablett zum Tisch zu bringen.

2 Nehmen Sie Stange eins und platzieren Sie diese vor Ihrem Kind. Legen Sie Ihren Zeigefinger darauf und sagen Sie: »Das ist eins.« Wiederholen Sie dieselben Schritte mit Stange zwei. Fordern Sie Ihr Kind auf, die Zahl Ihnen nachzusprechen. Wiederholen Sie die Zahlen der beiden Zählstangen zwei weitere Male.

3 Legen Sie beide Zählstangen vor Ihr Kind und sagen Sie zu ihm: »Kannst du auf die Eins zeigen.« Achten Sie darauf, dass es seinen Finger auf die Zahl legt. Wiederholen Sie das Ganze mit der Zwei. Wechseln Sie die Seiten der beiden Stäbe und wiederholen Sie diese Schritte. Diesmal sagen Sie: »Zeig mir…« Wiederholen Sie das Ganze ein drittes Mal und sagen Sie dabei: »Welches ist die…?«

4 Legen Sie beide Zählstangen vor Ihr Kind und legen Sie Ihren Finger auf die Eins. Fragen Sie: »Was ist das?« Es sollte »Eins« antworten. Nun legen Sie Ihren Finger auf die Zwei und fragen: »Was ist das?« Es sollte »Zwei« antworten.

5 Fordern Sie Ihr Kind auf, beide Stangen zu zählen und »eins, zwei« dabei zu sagen.

6 Wechseln Sie die Seiten der beiden Stäbe und wiederholen Sie dieselben Schritte noch zweimal.

Zum Ausprobieren

Bringen Sie Ihrem Kind die Größen bis zehn mithilfe der Zählstangen bei. Fangen Sie an mit drei, vier und fünf, dann gehen Sie über zu sechs, sieben und acht und schließlich zu neun und zehn. Wiederholen Sie stets die Zahlen aus der vorherigen Übungsrunde.

- - - - - - - - - - - - - - - - - - - -

Sobald Ihr Kind die Zahlengrößen zu erkennen beginnt, fangen Sie damit an, es Gruppen von Gegenständen zählen zu lassen. Fragen Sie: »Welche Gruppe hat die größte Zahl an Gegenständen?«, »Welche Gruppe hat die kleinste Zahl an Gegenständen?« und »Welche Gruppe hat genauso viele Gegenstände wie eine andere?«.

- - - - - - - - - - - - - - - - - - - -

Arrangieren Sie die Gegenstände mit einer Ausnahme in Gruppen mit gleich vielen Objekten. Zählt Ihr Kind die Gegenstände einer jeden Gruppe, muss es herausfinden, welche Gruppe nicht dieselbe Zahl an Gegenständen aufweist wie alle anderen.

Gegenstände aufreihen

Bei dieser Tätigkeit prägen sich die Zahlengrößen von eins bis zehn weiter ein. Für die Übung müssen Sie viele kleine Gegenstände sammeln. Ich schlage deshalb vor, dass Sie Ihr Kind bei der Auswahl der Gegenstände mit einbeziehen. Halten Sie Ausschau nach Lieblingsgegenständen, die Ihr Kind gerne an einer Leine quer durch sein Zimmer hängen sehen würde.

Sie benötigen

- zehn große Klarsichtbeutel
- zehn Wäscheklammern
- verschiedene Gegenstände, aufgeteilt in Mengen von eins bis zehn, zum Beispiel einen kleinen Teddybären, zwei Spielzeugautos, drei Federn, vier Muschelschalen etc.
- eine Schnur, die man quer durch den Raum spannt
- ein Tablett

1 Legen Sie alle Gegenstände, die Klarsichtbeutel und Wäscheklammern auf ein Tablett und bitten Sie Ihr Kind, das Tablett zum Tisch zu tragen. Fordern Sie Ihr Kind auf, sich so hinzusetzen, dass es die Übungssituation gut überblicken kann.

Tipp
- Spannen Sie die Leine in einer Höhe, in der Ihr Kind die Gegenstände gut sehen kann.
- Verwenden Sie große Beutel, so dass alle Gegenstände gut darin Platz haben.

Rechenfertigkeiten / 111

2 Sagen Sie Ihrem Kind, dass es nun eine Zahlenreihe aufstellen wird, die mit eins beginnt und mit zehn endet.

3 Bitten Sie Ihr Kind, die Gegenstände in Gruppen einzuteilen. Zuerst soll es die Gruppe mit nur einem Gegenstand finden und diesen in einen der Klarsichtbeutel stecken. Zeigen Sie Ihrem Kind, wie man den Beutel oben zusammenhält und mit einer Wäscheklammer verschließt. Legen Sie den Beutel an das obere Tischende.

4 Fragen Sie Ihr Kind, welche Zahl auf eins folgt. (Kann es sich nicht daran erinnern, dann geben Sie ihm zwei beliebige Gegenstände zum Zählen; das sollte seinem Gedächtnis auf die Sprünge helfen.)

5 Fordern Sie nun Ihr Kind auf, die Gruppe mit den zwei Gegenständen ausfindig zu machen, die Objekte in einen Beutel zu geben und mit der Wäscheklammer zu verschließen. Wiederholen Sie dieselben Schritte für die übrigen Zahlen bis zehn.

6 Erklären Sie Ihrem Kind, dass Sie die Beutel nun ihrem Zahlenwert entsprechend an die Leine hängen wollen. Legen Sie die Beutel zurück auf das Tablett und bitten Sie Ihr Kind, diese bis zur gespannten Schnur zu bringen. Fordern Sie Ihr Kind auf, den Beutel mit einem Gegenstand zu finden und Ihnen zu geben, damit Sie ihn am linken Ende der Leine aufhängen können. Wiederholen Sie den Vorgang, bis alle eingetüteten Gegenstände in einer Reihe von eins bis zehn aufgehängt sind.

Die Zahlen von 1 bis 10

Sobald Ihr Kind die Größen von eins bis zehn versteht, kann es die Zahlen von 1 bis 10 erlernen. Bei dieser Aktivität arbeiten wir mit Ziffern aus Sandpapier, denn damit werden den Kindern auch Schreibrichtung und Form der Zahlen vermittelt.

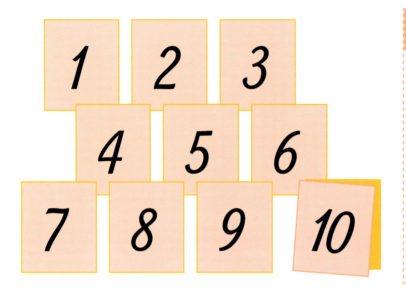

Sie benötigen

- mehrere Bögen feines Sandpapier
- Klebstoff
- zehn Stück festen Karton (je 8 x 10 cm)
- einen Bleistift
- eine Schere

Schreiben Sie die Zahlen von 1 bis 10 auf die Rückseite des Sandpapiers, schneiden Sie diese eng um die Zahlen herum aus und kleben Sie sie auf die Kartonstücke.

1 Bitten Sie Ihr Kind, die Karten mit 1 und 2 zum Tisch zu bringen und sich so hinzusetzen, dass es die Übungssituation gut überblicken kann.

2 Legen Sie Karte mit der 1 vor Ihr Kind. Ziehen Sie die Ziffer mit Zeige- und Mittelfinger nach. Dabei sagen Sie: »So schreiben wir die Ziffer ›eins‹.« Lassen Sie Ihr Kind die 1 nachziehen. dabei sagen Sie: »So schreiben wir ›Eins‹.«.

3 Wiederholen Sie den Vorgang mit der zweiten Karte. Anschließend wiederholen Sie die Übung zweimal mit beiden Karten, wobei Sie dieses Mal nur »eins« oder »zwei« sagen, während erst Sie und anschließend Ihr Kind die entsprechende Ziffer nachziehen.

4 Legen Sie beide Ziffern vor Ihr Kind und sagen Sie: »Zeig mir die 1« und »Zeig mir die 2«. Tauschen Sie die Ziffern aus und sagen Sie noch einmal: »Zeig mir die 1« und »Zeig mir die 2«.

5 Wiederholen Sie diese Schritte und fragen Sie nun: »Kannst du die 1 nachziehen?«, und dann: »Kannst du die 2 nachziehen?«.

6 Legen Sie beide Ziffern vor Ihr Kind, zeigen Sie auf die 1 und fragen Sie: »Was ist das?« Hat es richtig geantwortet, bitten Sie es, die Ziffer nachzuziehen. Wiederholen Sie das Ganze mit der Karte mit der 2. Tauschen Sie die Ziffern aus und wiederholen Sie dieselben Schritte.

Zum Ausprobieren

Bringen Sie Ihrem Kind die übrigen Zahlen bis 10 bei. Sie beginnen mit 3, 4 und 5, ergänzen dann 6, 7 und 8 und zu guter Letzt 9 und 10. Bevor neue Zahlen mit ins Spiel kommen, wiederholen Sie immer die zuletzt gelernten.

- - - - - - - - - - - - - - - - - -

Um das Gelernte zu vertiefen, füllen Sie ein Backblech zur Hälfte mit Salz und fordern Ihr Kind auf, die Ziffern im Salz nachzumalen. Vielleicht schreiben Sie die Ziffern auf einem Papierstreifen für Ihr Kind als Gedächtnisstütze vor.

Tipp
- Kann Ihr Kind eine Ziffer nicht beim Namen nennen, wiederholen Sie die Übungsschritte.
- Ermutigen Sie Ihr Kind, die Zahl beim Sprechen nachzuziehen. So wird daraus eine visuelle, taktile und akustische Erfahrung, die den Lernprozess unterstützt.
- Bringen Sie Ihrem Kind nicht mehr als zwei oder drei neue Ziffern pro Tag bei.

Die Zahlenfolge vertiefen

Dieses Spiel hilft Ihrem Kind, Sicherheit im Umgang mit den Ziffern und der Zahlenfolge von 0 bis 10 zu gewinnen. Sie sehen anhand der Übung auch, wie sicher Ihr Kind auf diesem Gebiet bereits ist. Außerdem verwendet Ihr Kind beim Üben auch die Wörter »vor« und »nach«.

Sie benötigen

- einen großen Bogen Karton
- einen schwarzen Filzstift
- eine Schere
- eine Büroklammer

Schreiben Sie die Zahlen von 0 bis 10 auf die Karten. Lassen Sie dazwischen jeweils genügend Platz, um Zahlenquadrate ausschneiden zu können.

Rechenfertigkeiten / 115

1 Bitten Sie Ihr Kind, die Zahlenkarten zum Tisch zu bringen. Legen Sie die Zahlen in numerischer Reihenfolge von links nach rechts vor Ihrem Kind in einer Reihe aus.

$$0 \quad 1 \quad 2 \quad 3 \quad 4 \quad 5 \quad 6 \quad 7 \quad 8 \quad 9 \quad 10$$

2 Zeigen Sie auf eine Ziffer und bitten Sie Ihr Kind, Ihnen zu sagen, um welche Zahl es sich handelt. Dann fragen Sie es, wie die Ziffern davor und danach heißen.

3 Wiederholen Sie diese Übung mehrmals mit den verschiedenen Zahlen, bis alle an der Reihe waren. Sie können auch Fragen stellen wie: »Welche Zahl ist größer, die Acht oder die Zehn?«, oder: »Welche Zahl ist kleiner, die Drei oder die Vier?«.

Zum Ausprobieren

Ist Ihr Kind mit der Zahlenfolge vertraut, dann wiederholen Sie das Spiel. Dieses Mal jedoch drehen Sie die Zahlenkarten vor und nach der gefragten Ziffer um, so dass Ihr Kind diese nicht als Bezugspunkte verwenden kann. Hat Ihr Kind geantwortet, drehen Sie die Zahlenkarten wieder um, um ihm zu zeigen, ob seine Antwort richtig war.

- - - - - - - - - - - - - - - - -

Legen Sie die Zahlenkarten in numerischer Reihenfolge von links nach rechts in eine Reihe. Nehmen Sie drei der Karten weg und drehen Sie diese um. Bitten Sie Ihr Kind, eine der Karten aufzudecken und ihr den richtigen Platz in der Reihe zuzuordnen. Wiederholen Sie den Vorgang mit den anderen beiden Ziffern.

Größen und Ziffern kombinieren

Bei dieser Aktivität ist der Größenbegriff ebenso Thema wie die Zahlen von 1 bis 10. Bevor Ihr Kind sich darin übt, wiederholen Sie noch einmal die Aktivität »Höhe und Länge kennen lernen« von Seite 58/59.

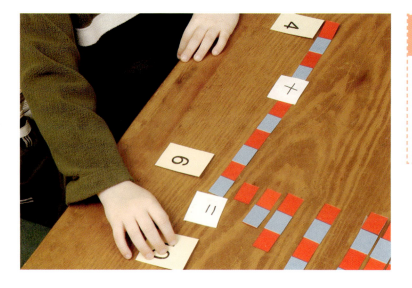

Sie benötigen

- die Zahlenkarten von Seite 112/113
- Zählstangen (Arbeitsblatt 1, siehe hierzu auch Seite 58/59)
- ein Tablett

Tipp ■ Nutzen Sie diese Gelegenheit, um auf andere Art nach einer Zahl zu fragen. Sagen Sie zum Beispiel: »Bitte suche mir die ... heraus«, oder: »Was ist das für eine Zahl?«.

Rechenfertigkeiten / 117

1 Legen Sie die Karten und Zählstangen auf das Tablett und bitten Sie Ihr Kind, es zum Tisch zu bringen. Platzieren Sie die Zählstangen ohne Rücksicht auf die Reihenfolge quer vor Ihrem Kind. Legen Sie die Zahlenkarten ungeordnet zu seiner Rechten.

2 Fragen Sie Ihr Kind: »Kannst du die Zählstange mit der Vier finden?« Ihr Kind wird die Stangen wahrscheinlich abzählen müssen, bis es die richtige findet.

> **Zum Ausprobieren**
>
> Wenn Sie merken, dass Ihr Kind mit dieser Übung zurechtkommt, dann zeigen Sie ihm, wie man die Stangen und Karten in numerischer Reihenfolge anordnet. Beginnen Sie mit den Stangen und bauen Sie eine Stufenleiter (Seite 58/59). Anschließend zeigen Sie ihm anhand der Ziffern 1 und 2, wie es die Karten und Stangen einander zuordnet. Dann lassen Sie Ihr Kind die übrigen Karten und Stangen einander zuordnen.

3 Nun sagen Sie: »Kannst du mir sagen, wie man vier schreibt?« Findet Ihr Kind die Karte mit der Vier, dann bitten Sie es, die Karte an das Ende der entsprechenden Zählstange zu legen.

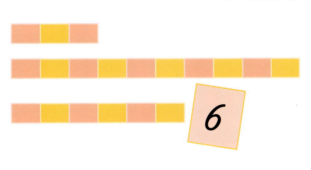 

4 Wählen Sie eine weitere Zahl und folgen Sie derselben Vorgehensweise. Fahren Sie fort, bis alle Zahlenkarten neben der dazugehörigen Größe (Stange) liegen.

Ein Becher Buntes

Dies ist eine weitere Übung zum Einprägen der Ziffern und ihrer entsprechenden Größen. Außerdem wird Ihr Kind mit der Zahl Null (0) vertraut gemacht.

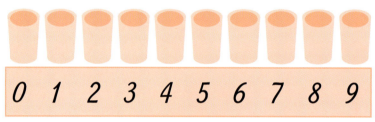

Sie benötigen

- 45 Spielchips, Knöpfe, Perlen oder Münzen
- zehn kleine Behälter
- einen etwa 50 cm langen Papierstreifen
- einen schwarzen Filzstift
- einen flachen Behälter zum Aufbewahren der Spielchips

Schreiben Sie die Ziffern von 0 bis 9 in gleichmäßigen Abständen auf den Papierstreifen. Geben Sie die Spielchips in den Behälter und legen Sie alles auf ein Tablett.

Tipp ■ Bei dieser Aktivität kommen 45 Spielchips zum Einsatz. Das ist genau die Anzahl, die Ihr Kind braucht, um bis neun zählen zu können. Hat es am Ende zu wenige oder zu viele Chips, ist das ein Hinweis, dass es den Inhalt der Becher noch einmal überprüfen muss.

Rechenfertigkeiten / 119

1 Bitten Sie Ihr Kind, das Tablett zum Tisch zu bringen und sich so hinzusetzen, dass es die Übungssituation gut überblicken kann. Stellen Sie den Behälter mit den Spielchips vor Ihr Kind. Dahinter legen Sie den Zahlenstreifen und hinter diesem stellen Sie die Becher in Reih und Glied auf.

2 Zeigen Sie auf den Zahlenstreifen und fordern Sie Ihr Kind auf, die Zahlen darauf vorzulesen. Kehren Sie zur »0« zurück und sagen Sie, dass diese Zahl »Null« genannt wird. Erklären Sie, dass dies »nichts« heißt, so dass Ihr Kind keine Spielchips in diesen Becher wirft.

3 Zeigen Sie auf die »1« und bitten Sie Ihr Kind, die entsprechende Zahl an Spielchips in den nächsten Becher zu geben.

4 Zeigen Sie auf die »2« und wiederholen Sie dieselbe Anweisung. Wiederholen Sie den Vorgang mit der »3« und der »4«. Fahren Sie auf diese Weise bis zur »9« fort, wenn Ihr Kind dies möchte.

5 Bemerken Sie, dass Ihr Kind nicht die richtige Anzahl Spielchips in den Becher legt, dann lassen Sie sich nicht dazu verleiten, sofort einzugreifen. Hat es die Übung abgeschlossen, dann sagen Sie: »Lass uns nachsehen, ob wir die richtige Zahl an Spielmünzen in die Becher gegeben haben.« Beim gemeinsamen Auszählen kann Ihr Kind dann selbst herausfinden, dass es beim Zählen einen Fehler gemacht hat.

Zum Ausprobieren

Blättern Sie noch einmal zurück auf Seite 110/111 zur Übung »Gegenstände aufreihen«. Nehmen Sie einen weiteren Klarsichtbeutel und hängen Sie ihn vor den »Einserbeutel«. Erklären Sie Ihrem Kind, dass dieser Beutel die Null darstellt. Fragen Sie es, ob es sich daran erinnern kann, was null bedeutet. Es sollte »Nichts« antworten. Dann fragen Sie Ihr Kind, ob es etwas in den Beutel tun muss. Hat es Probleme, sich daran zu erinnern, dann geben Sie ihm entsprechende Hinweise.

Zahlen, die aus der Reihe tanzen

Bei dieser Beschäftigung wiederholen Sie das Zählen und das Zuordnen der korrekten Größe zur entsprechenden Ziffer. Die Übung bewegt sich jedoch noch einen Schritt weiter vom Konkreten hin zum Abstrakten, da die Zahlenkarten jetzt lose und ungeordnet ins Spiel kommen. Zusätzlich lernen die Kinder, was man unter geraden und ungeraden Zahlen versteht.

Sie benötigen

- die Zahlenkarten von Seite 112/113
- 55 Spielchips, Knöpfe, Perlen oder Münzen
- einen Behälter zum Aufbewahren der Spielchips
- die Zählstangen aus der vorangegangenen Übung (siehe Arbeitsblatt 1)

1 Bitten Sie Ihr Kind, den Behälter mit den Spielmünzen zum Tisch zu bringen, während Sie die Zahlenkarten nehmen. Fordern Sie Ihr Kind auf, sich zu setzen und den Behälter vor sich hinzustellen. Mischen Sie die Karten und legen Sie diese hinter den Behälter zur Rechten Ihres Kindes.

2 Fordern Sie Ihr Kind auf, die Karte mit der Zahl eins zu seiner Linken über dem Behälter zu platzieren. Dann fragen Sie, wie viele Spielchips es zu dieser Zahl legen soll. Bitten Sie es, die Spielchips unter die Zahlenkarte zu legen.

3 Fragen Sie Ihr Kind, welche Zahl nach der Eins kommt. Spornen Sie es an, die Karte mit der Zahl »2« zu finden und dann zwei Spielchips unter die Karte zu legen.

4 Folgen Sie denselben Schritten für die Zahlen 3 oder 4. Anschließend fordern Sie Ihr Kind auf, selbstständig bis zur Zahl 10 weiterzumachen. Geben Sie ihm Hilfestellung beim Platzieren der Spielchips – bei einer geraden Anzahl Chips werden sie in Zweierreihen nebeneinander gelegt, während bei einer ungeraden Anzahl die übrige Münze in die Spalte links außen gelegt wird.

5 Macht Ihr Kind einen Fehler bei der Zahlenfolge, warten Sie, bis es die Übung abgeschlossen hat. Erst dann bitten Sie es, die Zahlen mit jenen auf dem Zahlenstreifen zu vergleichen, der bei der vorherigen Übung zum Einsatz kam.

Zum Ausprobieren

Kann Ihr Kind diese Übung selbstständig durchführen, dann zeigen Sie auf die Spielchips und fragen es, ob es Ähnlichkeiten unter den Münzen entdeckt. Erklären Sie ihm, dass die Zahlen, die man in Paare wie zwei, vier oder sechs einteilen kann, »gerade« Zahlen sind, während Zahlen wie eins, drei und fünf »ungerade« Zahlen sind. Sie kann man nicht in Zweiergruppen einteilen.

Damit sich Ihr Kind gerade und ungerade besser einprägen kann, legen Sie vier kleine Gegenstände auf dieselbe Art und Weise aus wie die Spielchips. Bitten Sie Ihr Kind, die Gegenstände zu zählen. Fragen Sie, ob die Drei oder die Vier eine ungerade beziehungsweise gerade Zahl ist. Ist sich Ihr Kind nicht sicher, erinnern Sie es an die Regel, dass gerade Zahlen immer einen »Partner« haben, während bei ungeraden Zahlen immer einer alleine bleibt.

Wenn Sie mit Ihrem Kind draußen sind, weisen Sie es darauf hin, dass die Hausnummern auf den beiden Straßenseiten in gerade und ungerade Nummern eingeteilt sind.

Bringen Sie Ihrem Kind bei, dass alle »ungeraden« Zahlen die Ziffer 1, 3, 5, 7 oder 9 als Bestandteil haben, während alle »geraden« Zahlen 0, 2, 4, 6 und 8 enthalten.

Zuordnen von Zahlen zu Gegenständen

Nachdem Ihr Kind nun die Mengen und Zahlen von 0 bis 10 gelernt hat, können Sie die Zahlen den aufgereihten Gegenständen aus der Übung von Seite 110/111 zuordnen.

Sie benötigen

- die Zahlenkarten von Seite 112/113
- einen schwarzen Filzstift
- Farbstifte

Ziehen Sie um jede Zahl mit dem Stift eine Linie, so dass große Ziffern mit entsprechend viel Platz für Ihr Kind zum Ausmalen entstehen.

Rechenfertigkeiten / 123

1 Bitten Sie Ihr Kind, die Ziffern auszumalen. Hat es diesen Arbeitsschritt erledigt, erklären Sie ihm, dass die Zahlen nun wie vorher die Gegenstände aufgereiht werden.

2 Legen Sie die Zahlenkarten ungeordnet unter die Schnur mit den aufgereihten Gegenständen. Zeigen Sie auf den ersten Beutel und fragen Sie Ihr Kind, ob sich etwas in dem Beutel befindet. Es sollte »Nein« antworten. Darauf sagen Sie: »Welche Zahl ist so viel wie nichts?« Zeigen Sie auf die Ziffern auf dem Boden. Ihr Kind sollte nun die »0« herausfischen. Helfen Sie ihm, die Karte mit dem leeren Beutel zusammenzuklammern.

3 Zeigen Sie auf den Beutel mit einem Gegenstand und fragen Sie: »Wie viele Gegenstände sind in diesem Beutel?« Bitten Sie Ihr Kind, die Zahl »1« herauszusuchen und sie an der Schnur anzuklammern. Wiederholen Sie diese Schritte bis zur Zahl »10«.

Zum Ausprobieren

Basteln Sie aus Pappe Marienkäfer, aber ohne Punkte. Lassen Sie Ihr Kind die Marienkäfer ausmalen und arbeiten Sie dann mit ihm daran, Punkte von null bis zehn zu ergänzen. Danach hängen Sie die Käfer an einer durch den Raum gespannten Schnur auf. Für diese spaßige Beschäftigung brauchen Sie Zeit; deshalb arbeiten Sie vielleicht eine ganze Woche über daran.

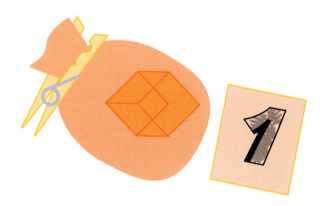

Tipp ■ Findet Ihr Kind die nächstgrößere Zahlenmenge nicht heraus, dann nehmen Sie den Beutel von der Schnur und bitten Ihr Kind, die Gegenstände zu zählen.

Addieren bis zehn

Nun, da Ihr Kind die Mengen und Zahlen von 0 bis 10 kennt, können Sie ihm das Zusammenzählen beibringen. Bei dieser Übung gehen wir genauso wie bei den anderen Rechenübungen vor, indem wir zuerst nur die Mengen addieren und später die dazu nötigen Zahlen und Zeichen einführen.

Sie benötigen

- die Zählstangen (Arbeitsblatt 1, siehe auch Seite 58/59)
- ein Tablett

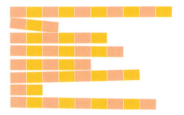

1 Bitten Sie Ihr Kind, das Tablett mit den Zählstangen an den Tisch zu bringen. Legen Sie die Zählstangen ungeordnet vor Ihr Kind. Bitte Sie es, die Zählstangen stufenartig anzuordnen (siehe Seite 58/59).

2 Sagen Sie: »Ich zeige dir jetzt, wie man etwas mithilfe der Zählstangen zusammenzählt.« Bitten Sie Ihr Kind, die Zählstange mit der Eins zu suchen und diese unter die Treppe zu legen. Dann fordern Sie es auf, die Zählstange mit der Vier herauszusuchen und neben die mit der Eins zu legen. Wählen Sie der Einfachheit halber Zahlen unter fünf aus.

3 Fordern Sie Ihr Kind auf, die Kästchen entlang den zusammengesetzten Zählstangen abzuzählen, um das entsprechende Ergebnis zu ermitteln. Vergewissern Sie sich, dass Ihr Kind einen Finger zu Hilfe nimmt und gewissenhaft jedes Kästchen auf den Stangen zählt. Antwortet es »fünf«, dann erklären Sie: »Eins plus vier ist gleich fünf.« Während Sie dies sagen, zeigen Sie auf die einzelnen Zählstangen.

4 Bitten Sie Ihr Kind, die Zählstangen zurückzulegen. Dann machen Sie einige weitere Übungen zur Addition. Denken Sie jedoch daran, nur niedrige Zahlen zu verwenden.

5 Versteht Ihr Kind den Sinn der Übung, sagen Sie ihm, dass es jetzt seine eigenen Rechnungen machen darf. Bitten Sie es, zwei Zahlen auszuwählen und Ihnen zu sagen, welche Summe sich daraus ergibt, zum Beispiel: »Fünf plus drei ist…« Vielleicht müssen Sie ihm die Wörter »plus« und »ist gleich« erklären.

6 Hat es diese Übung abgeschlossen, wiederholen Sie noch einmal alle Schritte, die nötig waren, um auf die Antwort zu kommen. Erinnern Sie Ihr Kind daran, dass das Ergebnis immer größer sein muss als die beiden einzelnen Zahlen, die man als Ausgangsbasis hatte.

Addieren von Zahlen

Hat Ihr Kind das Addieren von Mengen (durch das Verwenden von Zählstangen) begriffen, dann verwenden Sie auch Ziffern. Bei dieser Übung kommen die Zahlenkarten aus den vorangegangenen Aktivitäten zum Einsatz, um Summen zu bilden. Macht Ihr Kind bei dieser Übung Fortschritte, ist es an der Zeit, die Rechenaufgaben auf Papier zu schreiben (siehe hierzu den Vorschlag in der Rubrik »Zum Ausprobieren«).

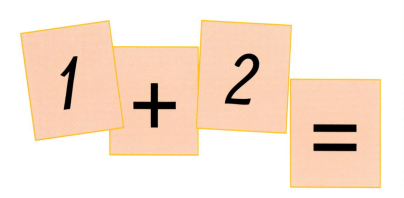

Sie benötigen

- Zahlenkarten
- Zählstangen (Arbeitsblatt 1)
- Pappe
- einen schwarzen Filzstift

Malen Sie ein Gleichheitszeichen (=) und ein Pluszeichen (+) auf den Karton und schneiden Sie diese Zeichen in der Größe passend zu den Zahlenkarten aus.

Rechenfertigkeiten / 127

1 Legen Sie die Zahlenkarten und Zählstangen der Reihenfolge nach aus. Bitten Sie Ihr Kind, eine Zählstange auszuwählen und sie auf den Tisch vor sich hinzulegen.

2 Bitten Sie Ihr Kind, die passende Zahlenkarte zu finden und diese unter die Zählstange zu legen. Platzieren Sie die »+«-Karte neben der ausgewählten Zahlenkarte und erklären Sie Ihrem Kind, dass diese »plus« bedeutet.

3 Fordern Sie Ihr Kind auf, eine weitere Zahl auszuwählen und diese hinter das Pluszeichen zu legen. Platzieren Sie die »=«-Karte nach der zweiten Zahl und erklären Sie, dass dieses Zeichen »ist gleich« bedeutet.

4 Fragen Sie Ihr Kind, was es als Nächstes tun muss, und es sollte antworten »die Zahlen zählen« oder »sie zusammen- zählen«. Helfen Sie ihm, die Antwort herauszufinden, indem Sie im Bedarfsfall die Zählstangen zum Abzählen verwenden.

5 Hat Ihr Kind die Antwort herausgefunden, legen Sie die ent- sprechende Zahl neben das Gleichheitszeichen. Üben Sie mit Ihrem Kind zusammen weiter, bis es selbstständig Zahlen im Zahlenraum 1 bis 10 addieren kann.

Zum Ausprobieren

Ist Ihr Kind mit den Zahlenkarten vertraut, führen Sie eine Doku- mentation des Rechenvorgangs auf Papier ein. Vielleicht möchte Ihr Kind auch seine eigenen Re- chenaufgaben zu Papier bringen.

Subtrahieren unter zehn

Im Allgemeinen fällt es Kindern leichter, das Konzept des Subtrahierens zu verstehen als das des Addierens. Es ist ihnen zum Beispiel oft ganz klar, dass drei Äpfel übrig bleiben, wenn man sechs Äpfel hat und drei davon verschenkt. Vielleicht möchten Sie diese Übung deshalb auch vor der vorangegangenen ausprobieren. Da Ihr Kind nun schon mit dem Aufschreiben von Additionen vertraut ist, werden bei dieser Übung die Mengen und Zahlen gleichzeitig ins Spiel gebracht.

Sie benötigen

- Zählstangen (Arbeitsblatt 1, siehe auch Seite 58/59)
- leeres Papier
- einen Bleistift

1 Bitten Sie Ihr Kind, die Zählstangen zum Tisch zu bringen und sich zu Ihrer Linken hinzusetzen. Fordern Sie es auf, die Zählstangen stufenweise anzuordnen und darunter Platz frei zu lassen.

2 Nehmen Sie zwei Stangen und legen Sie diese nebeneinander. Bitten Sie Ihr Kind, die Kästchen zu zählen und die Summe herauszufinden. Nehmen Sie die Zählstange mit dem niedrigeren Zahlenwert weg und fordern Sie Ihr Kind auf, den Rest zu zählen. Wiederholen Sie diesen Vorgang noch zweimal, damit Ihr Kind die notwendigen Zählschritte zu verstehen beginnt.

3 Sind Sie mit dem vierten Beispiel fertig sind, wiederholen Sie die Schritte, stellen aber Fragen wie: »Mit wie vielen Kästchen haben wir angefangen?«, »Wie viele haben wir dann weggenommen?« und »Wie viele sind uns übrig geblieben?«. Beenden Sie diesen Übungsschritt, indem Sie die einzelnen Schritte noch einmal zusammenfassen. Sie sagen zum Beispiel: »Fünf minus drei ergibt zwei.«

4 Zeigen Sie Ihrem Kind, wie es die Rechenaufgabe aufschreibt, und erklären Sie, dass Subtraktionen auf diese Weise zu Papier gebracht werden. Machen Sie zwei weitere Subtraktionen dergestalt, dass Sie Ihrem Kind die einzelnen Schritte vorrechnen.

5 Ist Ihr Kind in der Lage, die Rechenaufgabe aufzuschreiben, bitten Sie es, dies während des Rechenvorgangs zu tun. Ansonsten vergisst es die Zahl, mit der es begonnen hat, und jene, die es »weggenommen« hat.

Zum Ausprobieren

Schreiben Sie ein Minuszeichen (–) auf ein Stück Pappe und verwenden Sie die Zahlenkarten aus der vorangegangenen Übung, um sich durch weitere Rechenaufgaben »hindurchzuarbeiten«.

- - - - - - - - - - - - - - - - -

Ist Ihr Kind sicher im Umgang mit den Zahlenkarten, führen Sie auf Papier geschriebene Dokumentationen des Rechenvorgangs ein.

- - - - - - - - - - - - - - - - -

Zeigen Sie Ihrem Kind Additions- und Subtraktionsvorgänge in Alltagssituationen. Verwenden Sie dazu Obst, Bauklötze, Spielzeug…

Der Umgang mit Geld

Als Kind habe ich es geliebt, Kaufladen zu spielen; und auch die Kinder, mit denen ich heute zu tun habe, finden an diesem Spiel großen Gefallen. Es vermittelt ihnen eine realistische Erfahrung vom Addieren und Subtrahieren und bietet eine gute Gelegenheit, um sie in die Welt des Geldes einzuführen.

Sie benötigen

- verschiedene Früchte, Nährmittelpackungen etc.
- Karton oder Klebe-Etiketten
- verschiedene Münzen
- kleine Behälter, um daraus eine (Spielzeug-)Kasse zu basteln
- einen Einkaufskorb

Rechenfertigkeiten / 131

1 Richten Sie mit den aufgelisteten Zutaten einen Kaufladen ein. Ihr Kind sollte sich an den Vorbereitungen beteiligen. Fragen Sie es, welchen Namen es dem Laden geben möchte. Schreiben Sie die Preise auf die Päckchen oder versehen Sie die Lebensmittel mit Preisetiketten. Die Preise sollten weniger als zehn Cent betragen. Geben Sie jede Münzsorte in einen unterschiedlichen Behälter und bitten Sie Ihr Kind, die restlichen Münzen einzusortieren.

2 Entscheiden Sie darüber, wer Ladenbesitzer und wer Kunde ist. Händigen Sie dem Kunden etwas Geld und den Korb aus.

3 Spielen Sie nun Einkaufen, wobei Sie den Handel so einfach wie möglich gestalten und der Verkäufer für einen Artikel genau den richtigen Geldbetrag erhält.

4 Ist Ihr Kind mit diesem Vorgang vertraut, beginnen Sie mit einfachen Additionsaufgaben. Starten Sie mit einem Preis von fünf Cent oder weniger und arbeiten Sie sich bis zehn Cent vor. Geben Sie stets den genauen Geldbetrag, so dass kein Wechselgeld ins Spiel kommt.

5 Hat Ihr Kind diese Stufe gemeistert, führen Sie mit einem Einkauf, bei dem der Verkäufer dem Kunden Geld zurückgeben muss, das Subtrahieren ein.

Zum Ausprobieren

Neben Lebensmitteln können Sie auch Artikel wie Seife, Zahnpasta, Shampoo etc. verwenden.

Bauen Sie ein Bekleidungs- oder Schuhgeschäft oder eine Buchhandlung. Sie können auch ein Postamt eröffnen und dort Briefmarken verkaufen oder Briefe und Pakete entgegennehmen.

Diese Beschäftigung eignet sich ideal, wenn Ihr Kind Freunde zu Besuch hat. Die Kleinen werden mit dem Spiel eine ganze Weile beschäftigt sein.

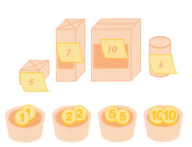

Tipp ■ Diese Übung ist eine hervorragende Möglichkeit, die Sprachfertigkeit Ihres Kindes weiter zu schulen. Natürlich soll das Ganze auch Freude bereiten. Sind Sie der Ladenbesitzer, dann sagen Sie immer »Hallo« und bieten Sie Ihrem Kunden stets neue Produkte zum Kauf an. Sind Sie der Kunde, dann erwähnen Sie, wie nett der Laden aussieht, und erkundigen Sie sich, welche leckeren Lebensmittel derzeit im Angebot sind.

Lieder und Reime mit Zahlen

Mit Reimen und Liedern lassen sich Zahlen und Zahlbegriffe ganz hervorragend vertiefen, denn das Reimelement und die entsprechenden Bewegungen dienen als Gedächtnisstütze. Man kann diese Übungen deshalb mit Kindern jeden Alters machen.

Das Hexen-Einmaleins

Mit diesem Reim von Johann Wolfgang von Goethe prägen sich die Zahlenfolge und das Zählen in Einserschritten ein.

Du musst verstehn!
Aus eins mach zehn,
und zwei lass gehen,
und drei mach gleich,
so bist du reich.
Verlier die vier!
Aus fünf und sechs,
so sagt die Hex,
mach sieben und acht,
so ist's vollbracht:
Und neun ist eins
und zehn ist keins!
Das ist das Hexen-Einmaleins.

Wenn der Elefant in die Disco geht

Auch bei diesem Lied wird in numerischer Reihenfolge gezählt. Sie können die Zahlen an den Fingern abzählen und natürlich dabei mit Ihrem Kind tanzen.

Wenn der Elefant in die Disco geht,
weißt du, wie er sich auf der Tanzfläche dreht!
Er schwingt seinen Rüssel im Takt herum
und ruft: »He, Leute, das ist gar nicht dumm!«
Eins, zwei, drei und vier,
der Elefant ruft: »Kommt und tanzt mit mir!«
Fünf, sechs, sieben, acht
Und alle haben mitgemacht.

Morgens früh um sechs

Dieser Kinderreim ist ein echter Klassiker. Sie können Ihrem Kind die Zeiten auf der Uhr zeigen sowie einige der beschriebenen Tätigkeiten nachahmen.

Morgens früh um sechs kommt die kleine Hex;
morgens früh um sieben schabt sie gelbe Rüben;
morgens früh um acht wird Kaffee gemacht;
morgens früh um neune geht sie in die Scheune;
morgens früh um zehne holt sie Holz und Späne;
feuert an um elfe, kocht sie bis um zwölfe
Fröschebein und Krebs und Fisch.
Hurtig, Kinder, kommt zu Tisch!

Zehn kleine Mäuse

Sie können Stoffmäuse oder Mäuse zum Naschen aus einer Zucker-Eiweiß-Gelatine-Mischung verwenden, um das Lied zu veranschaulichen. Statt Mäusen können Sie aber auch Teddybären oder andere Figuren verwenden.

Zehn kleine Fische schwimmen im Meer.
– Blubb, blubb, blubb, blubb –
Da sagt der eine: »Ich kann nicht mehr!
– Blubb, blubb, blubb, blubb –
Ich will zurück in meinen wunderschönen Teich,
– blubb, blubb, blubb, blubb –
Hier gibt es Haie, die fressen mich gleich.«
– blubb, blubb, blubb, blubb –
Neun kleine Fische [etc.]

Zehn kleine Fische

Dieses Lied erfreut sich bei Kindern höchster Beliebtheit. Es arbeitet neben dem Zählen in Einerschritten auch mit dem Subtrahieren.

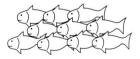

Zehn kleine Mäuse putzen sich heraus.
Die eine fühlt sich fein genug und kehrt zurück nach Haus.
Eine kleine Maus liegt noch allein im Nest,
sie macht es sich gemütlich und wartet auf den Rest.
Neun kleine Mäuse, etc.

Naturwissenschaftliche Fertigkeiten

In Montessori-Kindergärten lehren wir die Naturwissenschaften im weitesten Sinne des Wortes und decken dabei alle Fachgebiete ab – von Botanik bis Geographie. Auch die Aktivitäten in diesem Kapitel umfassen dieses breite Spektrum. Für Kinder ist die Welt um sie herum eine schier unerschöpfliche Quelle an interessantem Wissen. Ihr Wissensdurst spiegelt sich in Fragen wie »Warum?«, »Wieso?« und »Was passiert, wenn…?« wider.

Die Übungen auf den folgenden Seiten sollen die Fantasie Ihres Kindes anregen und es auf eine spannende Entdeckungsreise mitnehmen. Ihr Kind bekommt nicht sofort die Antwort auf eine Frage geliefert, sondern lernt, das Geschehen zu beobachten, abzuwarten und die zugrunde liegenden Abläufe zu verstehen. Das fördert seine Fähigkeit, die Wunder der Natur zu bestaunen, und vermittelt ihm ein tieferes Verständnis für die Welt, in der es lebt. Da es lernt, die Antworten auf seine eigenen Fragen selbst zu finden, steigt auch sein Selbstvertrauen.

Blätter sammeln

Kinder sind ein bisschen wie Eichhörnchen: Sie haben die Angewohnheit, Dinge anzuhäufen. Es macht ihnen Spaß, im Garten »Schätze« zu finden und sie dann zu verstecken. Bei der nächsten Aktivität machen wir uns diese Begeisterung zunutze. Gleichzeitig lernen die Kinder, dass Blätter verschiedenen »Familien« mit unterschiedlichen Namen angehören.

Sie benötigen

- weiße A4-Blätter
- Wachsmalkreiden, vorzugsweise in Laubfarben

Naturwissenschaftliche Fertigkeiten / 137

1 Wenn Sie mit Ihrem Kind im Park oder Garten sind, dann schlagen Sie ihm vor, einige Blätter zu sammeln. Empfehlen Sie ihm, Blätter mit verschiedenen Formen zu nehmen. Sie können zum Beispiel sagen: »Findest du ein sternförmiges Blatt?« oder »Findest du ein langes, schmales Blatt?«. Auf diese Weise bekommen Sie bestimmt die verschiedensten Blattformen zusammen. Machen Sie es sich zum Ziel, jeweils mehrere Blätter von vier bis sechs unterschiedlichen Bäumen zu sammeln.

2 Geben Sie die Blätter in einen geeigneten Behälter. Legen Sie je ein Blatt aus jeder Familie in einer Reihe auf den Tisch und bitten Sie Ihr Kind, die restlichen Blätter zu sortieren.

3 Nehmen Sie ein Blatt weißes Papier und legen Sie eines der Blätter darunter. Malen Sie mit einem Wachsmalstift über das Papier, so dass sich die Blattform und deren Strukturen abzeichnen. Das beste Ergebnis erzielt man, wenn man den Wachsmalstift flach angewinkelt hält.

4 Lassen Sie Ihr Kind ein weiteres Blatt auswählen, damit es das »Durchpausen« der Blätter selbst probieren kann. Vielleicht müssen Sie ihm helfen und das Papier festhalten, damit nichts verrutscht.

Zum Ausprobieren

Ihr Kind kann die Blätter unter einem Vergrößerungsglas betrachten und die Blattadern sowie andere Details untersuchen.

Sie können nun mit Ihrem Kind die durchgezeichneten Blattmotive zu einer Herbstszenerie arrangieren. Zeichnen Sie einen oder mehrere Bäume auf ein großes Blatt Papier. Bitten Sie Ihr Kind, die mit Wachsmalstift gemalten Blätter auszuschneiden und sie an die Äste und Zweige zu kleben. Vielleicht möchten Sie das Bild um andere Dinge wie Nüsse oder Pilze bereichern.

Sammeln Sie im Herbst draußen Kastanien und im Frühling Blumen. Diese können Sie für Kunstwerke und Collagen verwenden und Ihrem Kind so einen Eindruck von den Jahreszeiten vermitteln.

Tipp ■ Für Kinder ist das Durchpausen der Blätter eine ziemlich knifflige Angelegenheit. Vielleicht müssen Sie Ihrem Kind dabei helfen. Wichtig ist auch dickes Qualitätspapier.

Ein Blumen-Puzzle basteln

Diese Übung erfüllt einen doppelten Zweck: Ihr Kind lernt dabei, eine Blume zu malen und aus den Teilen ein Puzzle zusammenzustellen. Und es lernt die einzelnen Blumenteile und deren Namen kennen.

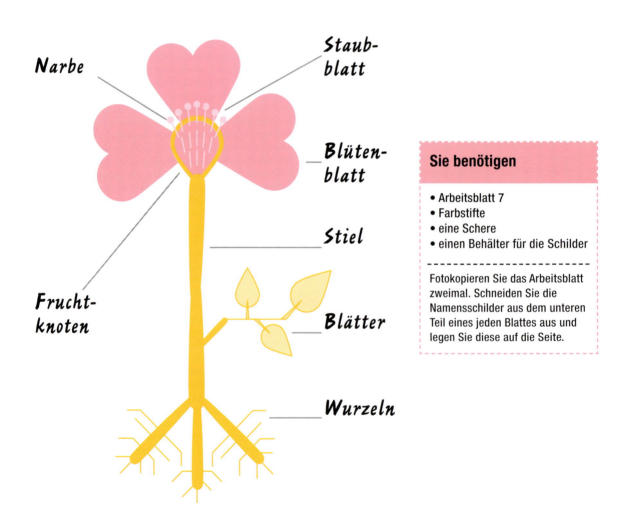

Sie benötigen

- Arbeitsblatt 7
- Farbstifte
- eine Schere
- einen Behälter für die Schilder

Fotokopieren Sie das Arbeitsblatt zweimal. Schneiden Sie die Namensschilder aus dem unteren Teil eines jeden Blattes aus und legen Sie diese auf die Seite.

Naturwissenschaftliche Fertigkeiten / 139

1 Nehmen Sie die Fotokopien und bitten Sie Ihr Kind, die Blumen auszumalen. Hat es diese Aufgabe erledigt, sagen Sie ihm, dass Sie ihm jetzt zeigen, wie man ein Puzzle bastelt.

2 Schneiden Sie ein Blumenbild in sechs bis acht Stücke, wobei die Blütenblätter und auch die anderen Teile ganz bleiben sollten.

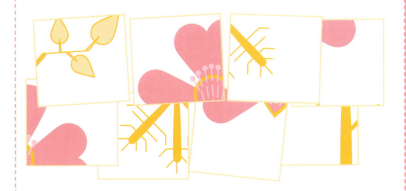

3 Legen Sie das Bild mit der unzerschnittenen Blume vor Ihr Kind, damit es eine Vorlage für das Zusammenstellen des Puzzles hat. Fordern Sie es auf, die Teile wieder zu einer kompletten Blume zusammenzufügen.

4 Kann Ihr Kind das Puzzle alleine zusammenfügen, nehmen Sie die Vorlage weg und verwenden diese nur, wenn noch eine Hilfestellung nötig ist.

Zum Ausprobieren

Nehmen Sie das eine Set mit Namensschildern und kleben Sie diese an die richtigen Stellen auf dem Vorlagenblatt. Schneiden Sie die anderen Namensschilder aus und geben Sie diese in einen kleinen Behälter. Bitten Sie Ihr Kind, diese Namensschilder dem Blatt ohne Namenschilder durch Vergleichen der Anfangsbuchstaben zuzuordnen. Spornen Sie Ihr Kind an, auch für die restlichen Namen das passende Pendant zu finden.

Kann Ihr Kind selbstständig alle Namen zuordnen, dann lassen Sie es die Namen ohne Vorlage nur mithilfe des Puzzles zuordnen. Vielleicht müssen Sie Hilfestellung geben, indem Sie zum Beispiel sagen: »Lege deinen Finger auf den Teil, den man Stiel nennt.«

Nach dem Blumen-Puzzle können Sie zu einem Baum- oder Tier-Puzzle übergehen und dabei dieselbe Methode zum Erlernen der Namen verwenden.

Karottengrün züchten

Bei dieser Aktivität lernen Kinder, dass Pflanzen wieder nachwachsen und dass selbst eine ausgewachsene Möhre auszutreiben beginnt. Dabei dauert es nur ein paar Tage, bis die jungen Blätter zu sprießen anfangen.

Sie benötigen

- zwei Möhren mit grünen Blättern oder jungen Trieben
- zwei Unterteller
- einen Krug Wasser

Schneiden Sie das Karottengrün ab, so dass nur ein paar Blätter oder Triebe übrig bleiben. Schneiden Sie ebenfalls den größten Teil der Möhren ab.

1 Stellen Sie alle Zutaten auf ein Tablett und bringen Sie dieses an den Tisch. Fragen Sie Ihr Kind: »Denkst du, wir schaffen es, diese Möhren wieder zum Wachsen zu bringen?« Sagen Sie immer: »Lass es uns ausprobieren.«

2 Legen Sie auf jeden Unterteller das obere Ende einer Möhre. Fragen Sie Ihr Kind nun: »Was, glaubst du, brauchen diese Möhrenenden, um nachzuwachsen?« Vielleicht müssen Sie einige Hinweise geben wie zum Beispiel: »Was brauchen wir, wenn wir Durst haben?« Antwortet Ihr Kind »Wasser«, reichen Sie ihm den Wasserkrug und bitten es, auf jeden Unterteller ein wenig Wasser zu gießen.

3 Sagen Sie Ihrem Kind, dass es die Möhrenenden in den nächsten Tagen im Auge behalten muss, um zu sehen, was passiert. Bitten Sie Ihr Kind zu überprüfen, ob die Unterteller ausreichend mit Wasser gefüllt sind.

Bohnenkerne keimen lassen

Hier eine Übung, die sich ganz hervorragend dazu eignet, Ihrem Kind sämtliche Stadien des Pflanzenwachstums vor Augen zu führen. Selbst die Wurzelbildung ist durch das Glasgefäß hindurch sichtbar.

1 Zeigen Sie Ihrem Kind die Bohnenkerne, das Löschpapier und den Sand. Erklären Sie ihm, dass man diese Dinge braucht, um Bohnenkerne keimen zu lassen. Bitten Sie Ihr Kind, den Sand in die Gefäße zu schütten.

2 Falten Sie ein ausreichend großes Stück Löschpapier in der Mitte, so dass es die Innenseite des Gefäßes abdeckt. Bitten Sie Ihr Kind, das Löschpapier oberhalb des Sandes in das Gefäß zu geben. Händigen Sie Ihrem Kind einen Bohnenkern aus und fordern Sie es auf, den Kern zwischen dem Papier und dem Glas ein klein wenig in den Sand zu drücken.

3 Wiederholen Sie dieselben Schritte bei den anderen Bohnenkernen. Fragen Sie Ihr Kind, was die Kerne noch brauchen, um wachsen zu können. Ist es sich nicht sicher, erinnern Sie es an das Experiment mit dem Karottengrün.

4 Fordern Sie Ihr Kind auf, das Löschpapier mit den Fingerspitzen mit Wasser zu besprenkeln. Erklären Sie, dass es darauf achten muss, dass das Papier nicht austrocknet, und bei Bedarf mehr Wasser zugeben muss. Bitten Sie Ihr Kind zu beobachten, welcher Pflanzenteil als Erster auftaucht.

Sie benötigen

- drei Glasgefäße oder Gläser
- Löschpapier oder Küchenkrepp
- Sand, um jedes Gefäß oder Glas damit zur Hälfte zu füllen
- einen Krug Wasser
- drei Bohnenkerne (Saubohnen)

Zum Ausprobieren

Zeigen Sie Ihrem Kind, wie es ein Tagebuch bastelt, in dem es die verschiedenen Wachstumsstadien dokumentieren kann.

Sind Sie mit Ihrem Kind zusammen im Garten oder Park, dann sehen Sie sich all die unterschiedlichen Pflanzen sowie die Blattstrukturen und -größen an und sprechen darüber, warum manche Pflanzen Dornen oder Stacheln haben. Vielleicht nehmen Sie ein Vergrößerungsglas mit, so dass Ihr Kind einen genaueren Blick auf die Pflanzen werfen kann. Eine Stippvisite im Freien ist auch eine gute Gelegenheit, um Pflanzen mit Beeren näher zu betrachten.

Sonnenblumen säen

Von allen Blumen ist die Sonnenblume wohl diejenige, die Kinder am meisten ins Staunen versetzt. Zuerst hat man lediglich einen winzigen Samen und innerhalb nur einer Gartensaison schießt sie regelrecht in die Höhe. Erkundigen Sie sich nach den unterschiedlichen Sonnenblumensorten, und nehmen Sie diejenige, die am höchsten wächst.

Sie benötigen

- Sonnenblumenkerne einer hochwüchsigen Sorte
- ein Bild von einer ausgewachsenen Sonnenblume
- drei bis fünf kleine Blumentöpfe und Untertöpfe
- Pflanzerde für jeden Topf
- einen Krug Wasser
- ein Tablett

Naturwissenschaftliche Fertigkeiten / 143

1 Stellen Sie die Töpfe, die Sonnenblumenkerne, die Erde und den Wasserkrug auf ein Tablett.

2 Sagen Sie Ihrem Kind, dass es nun einige Sonnenblumensamen anpflanzen wird. Zeigen Sie ihm die Kerne und anschließend das Bild von der Sonnenblume. Sagen Sie Ihrem Kind, dass die Sonnenblume im ausgewachsenen Zustand vielleicht sogar größer als Sie sein wird.

3 Fordern Sie Ihr Kind auf, jeden Blumentopf zwei Zentimeter hoch mit Erde zu füllen. Dann bitten Sie es, einen Kern in jeden Topf zu stecken. Danach soll es den Rest der Erde bis etwa drei Zentimeter unter den Topfrand füllen und jeden Topf gießen.

4 Suchen Sie ein sonniges Plätzchen für die Töpfe. Bitten Sie Ihr Kind, jeden Tag nachzusehen, ob die Erde Wasser braucht. Mit zunehmendem Wachstum der Sonnenblume müssen Sie diese vielleicht an einem Stab anbinden und sie schließlich in den Garten pflanzen oder in einen größeren Topf umtopfen.

Zum Ausprobieren

Der Wachstumsprozess von Sonnenblumen eignet sich hervorragend dazu, um Ihr Kind mit dem Messen vertraut zu machen. Anstelle eines Lineals kann es seine Hände zum Abmessen verwenden und dabei die ganze Hand einsetzen. Machen Sie sich Notizen darüber, wann welcher Wert gemessen wurde.

Sind die Sonnenblumen größer als Ihr Kind, dann dokumentieren Sie dies mit einem Foto. Schießen Sie auch Fotos von anderen Familienmitgliedern passender Größe, wenn die Sonnenblumen wieder gewachsen sind.

Einen Kräuterkasten anlegen

Diese Aktivität können Sie unabhängig von der Größe Ihres Zuhauses durchführen. Ihr Kind kann am gesamten Prozess beteiligt sein und gleichzeitig etwas über die Wachstumszyklen der Pflanzen lernen, indem es die Kräuter anpflanzt, ihr Wachstum beobachtet und schließlich sieht, dass die Kräuter in der Küche Verwendung finden.

Besuchen Sie mit Ihrem Kind eine Gärtnerei und lassen Sie es die Kräuter für den Kräuterkasten auswählen. Zeigen Sie ihm die unterschiedlichen Bilder der Pflanzen, damit es weiß, wie diese im Blütestand aussehen.

Sie benötigen

- einen Kräuterkasten oder -topf
- Kräuterpflänzchen
- Pflanzerde
- Dränagematerial, zum Beispiel Blumentopfscherben
- Zeitungspapier

Naturwissenschaftliche Fertigkeiten / 145

1 Für diese Aktivität benutzen Sie am besten einen Tisch im Freien. Ist das nicht möglich, decken Sie Ihren Küchentisch mit alten Zeitungen ab.

2 Stellen Sie die Kräutertöpfe und die Zutaten zum Anpflanzen auf den Tisch und sagen Sie Ihrem Kind, dass der Kasten nun mit Kräutern bepflanzt wird, die im Frühling zu blühen beginnen. Geben Sie zuunterst eine Hand voll von dem Dränagematerial in den Kasten und fordern Sie Ihr Kind auf, damit fortzufahren. Fügen Sie dann die Pflanzerde hinzu, bis der Kasten zu einem Viertel bedeckt ist.

3 Wählen Sie ein Pflänzchen aus und zeigen Sie Ihrem Kind, wie man es in die Erde steckt. Lassen Sie es die anderen Kräuter anpflanzen. Dann zeigen Sie ihm, wie es bis wenige Zentimeter unter den Rand Erde auffüllt.

4 Stellen Sie den Kasten nun zum Wachsen an seinen Platz, vorzugsweise auf ein geschütztes Fenstersims im Erdgeschoss, so dass Ihr Kind das Pflanzenwachstum beobachten kann. Nun bitten Sie es, jede Woche oder bei entsprechenden Temperaturen jeden Tag nachzusehen, ob die Pflanzen Wasser brauchen.

Zum Ausprobieren

Ernten Sie, falls möglich, mit Ihrem Kind zusammen Obst, Gemüse und Kräuter im Garten und zeigen Sie ihm, dass Sie diese Zutaten zum Kochen verwenden.

Besuchen Sie einen Bauern, der seine Produkte frisch ab Hof verkauft, oder ernten Sie selbst Ihr Obst auf einer Plantage.

Wie Pflanzen Wasser trinken

Mithilfe von Speisefarbe kann Ihr Kind verfolgen, wie eine Blume Wasser aufnimmt und ihr dieses »zu Kopf steigt«. Bei den weiterführenden Aktivitäten schneiden Sie gemeinsam Sellerie entzwei, um sich ein Bild davon zu machen, wie sich das Wasser seinen Weg durch die Kapillaren des Gemüses gebahnt hat.

Sie benötigen

- eine oder zwei langstielige weiße Nelken
- Speisefarbe
- eine zur Hälfte mit Wasser gefüllte Vase
- Papier
- Farbstifte

1 Stellen Sie die Vase mit den Nelken vor Ihr Kind. Sagen Sie ihm, dass es nun herausfinden wird, wie eine Blume Wasser aufnimmt. Bitten Sie Ihr Kind, auf der linken Seite eines Papierblattes ein Bild von der Vase mit den Blumen zu malen. Der übrige Platz bleibt vorerst frei.

Naturwissenschaftliche Fertigkeiten / 147

2 Fordern Sie es auf, dem Wasser in der Vase einige Tropfen Speisefarbe zuzusetzen und das Wasser in der Vase mit einem Teelöffel umzurühren, bis sich die Farbe gleichmäßig verteilt hat.

3 Nun bitten Sie Ihr Kind, neben der ersten eine zweite Zeichnung anzufertigen und dabei das Wasser auf dem Bild entsprechend auszumalen. Lassen Sie die Blumen ein paar Stunden im Wasser stehen.

4 Wenn Sie sich wieder mit den Blumen beschäftigen, sollte Ihrem Kind auffallen, dass die Blütenblätter nicht mehr weiß sind, sondern dieselbe Farbe haben wie die Lebensmittelfarbe. Fragen Sie es, was wohl geschehen sein mag. Um ihm auf die Sprünge zu helfen, können Sie ihm erklären, dass die Blume das Wasser so aufnimmt, wie wir Menschen ein Getränk mit einem Strohhalm zu uns nehmen, und dass der Stiel vergleichbar ist mit dem Strohhalm.

5 Zum Schluss fordern Sie Ihr Kind auf, eine dritte Vase neben die beiden anderen zu zeichnen und dabei die Blütenblätter farbig anzumalen. Vielleicht möchte es die Zeichnungen auch nummerieren und erläuternd ein paar Worte wie zum Beispiel »Speisefarbe« hinzufügen.

Zum Ausprobieren

Wiederholen Sie den Versuch mit einer Selleriestange. Schneiden Sie ein Ende ab, damit der Sellerie das Wasser aufnehmen kann. Nach einer gewissen Wartezeit schneiden Sie den Sellerie in mehrere Stücke. Ihr Kind sieht nun, dass die Speisefarbe die Selleriestange hinaufgewandert ist. Erklären Sie ihm, dass das Wasser sich seinen Weg über winzige Röhrchen, Kapillaren genannt, nach oben gebahnt hat.

Selleriestange, die mit Speisefarbe versetztes Wasser aufgenommen hat.

Nach oben hin verblasst die Farbe immer mehr.

Schneiden Sie die Stange nach einigen Stunden quer durch.

Schauen Sie sich die Kapillaren an einem Stück im Querschnitt genau an.

Das Volumen erfassen

Diese Übung macht Ihr Kind auf einfache und doch wirkungsvolle Weise mit dem Volumen vertraut und wie man das Fassungsvermögen eines Behälters richtig einschätzt. Bei der ersten Aktivität muss Ihr Kind schätzen, welcher von zwei Behältern mehr Wasser aufnehmen kann. Es ist wichtig, dass Sie geeignete Behälter für dieses Experiment auswählen; einer sollte lang und schmal sein, zum Beispiel eine Vase, während der andere niedriger und breiter sein sollte, zum Beispiel ein Wasserglas. Das Glas sollte mehr Wasser fassen können. Ziel der Übung ist, Ihrem Kind verständlich zu machen, dass es beim Schätzen des Fassungsvermögens nicht allein auf die Höhe des Behälters ankommt.

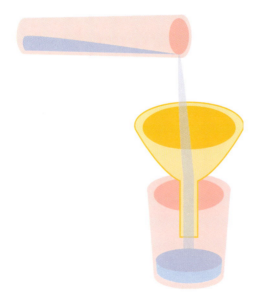

Sie benötigen

- eine hohe Vase
- ein Glas, das niedriger und breiter als die Vase ist und ein größeres Fassungsvermögen als diese hat
- einen Trichter
- einen Messbecher

Naturwissenschaftliche Fertigkeiten / 149

1 Stellen Sie die beiden Behälter vor Ihr Kind. Fragen Sie es, welcher Behälter seiner Meinung nach mehr Wasser fassen kann. Dann erklären Sie, dass es dieser Frage nun durch Messen auf den Grund gehen wird.

2 Bitten Sie es, das Wasser mithilfe des Messbechers in die Vase zu füllen und es dann mit einem Trichter in das Glas zu gießen. Lenken Sie die Aufmerksamkeit Ihres Kindes auf den Wasserstand im Glas.

3 Nun fordern Sie Ihr Kind auf, das Glas mit Wasser zu füllen und es dann mithilfe des Trichters in die Vase zu gießen. Ist die Vase fast voll, bitten Sie Ihr Kind, kein Wasser mehr nachzugießen. Lenken Sie seine Aufmerksamkeit auf die Tatsache, dass sich immer noch Wasser im Glas befindet. Fragen Sie es, ob nach dem Umgießen in das Glas noch Wasser in der Vase war. Daraus kann es zu der Erkenntnis kommen, dass im niedrigeren, breiteren Glas mehr Wasser Platz hat.

4 Wollen Sie das Ergebnis noch einmal überprüfen, dann zeigen Sie Ihrem Kind, wie man die Wassermenge in den beiden Behältern mithilfe des Messbechers bestimmt.

Zum Ausprobieren

Stellen Sie verschiedene Behälter in einer Reihe vor Ihr Kind und vor diese Reihe eine kleine Tasse. Sagen Sie ihm, dass es nun schätzen soll, wie viele Tassen Wasser in jeden Behälter passen. Arbeiten Sie sich der Reihe nach vor: Nachdem Ihr Kind das Fassungsvermögen des ersten Behälters geschätzt hat, bitten Sie es zu zählen, wie viele Tassen Wasser tatsächlich in diesem Behälter Platz haben. Ihr Kind sollte sich jede Antwort auf einem Blatt Papier notieren, indem es ein Bild von dem Behälter malt und anschließend die geschätzte sowie die tatsächliche Tassenzahl daneben schreibt.

Was schwimmt, was sinkt?

Bevor Ihr Kind dieses Experiment durchführt, machen Sie es beim nächsten Baden auf die Tatsache aufmerksam, dass einige seiner Badespielzeuge immer an der Wasseroberfläche schwimmen, die Seife aber auf den Wannengrund sinkt. Sagen Sie ihm, dass es diesem Phänomen tags darauf auf den Grund gehen darf.

Sie benötigen

- eine Reihe kleiner Gegenstände, einige davon schwimmend und einige sinkende, zum Beispiel einen Teelöffel, einen Becher, Kork und einen Schwamm
- eine große, halb mit Wasser gefüllte Schüssel
- Papier und Bleistift

Es wird vielleicht ein wenig nass werden. Deshalb sollten Sie den Tisch lieber abdecken. Stellen Sie alle kleinen Gegenstände auf ein Tablett. Dann zeichnen Sie auf das Papier einen Umriss von der Schüssel und markieren mit einer Linie den Wasserstand.

Naturwissenschaftliche Fertigkeiten / 151

1 Stellen Sie alle Gegenstände in Reih und Glied vor Ihrem Kind auf, die Wasserschüssel steht dahinter. Sagen Sie ihm, dass es jetzt herausfinden wird, welche Gegenstände auf dem Wasser schwimmen und welche sinken.

2 Nehmen Sie den ersten Gegenstand aus der Reihe und sagen Sie, ob er Ihrer Meinung nach auf dem Wasser schwimmen oder aber sinken wird. Geben Sie ihn sacht ins Wasser. Ermuntern Sie Ihr Kind zu schätzen, was passieren wird. Dann testen Sie die übrigen Gegenstände und schauen, ob sie schwimmen oder untergehen.

3 Unterstützen Sie Ihr Kind beim Aufzeichnen der Ergebnisse. Es soll die Gegenstände auf dem Bild von der Schüssel einzeichnen, entweder über oder unter der Wasserlinie, je nachdem, ob sie schwimmen oder sinken.

Zum Ausprobieren

Nach dem Experiment besprechen Sie mit Ihrem Kind, aus welchem Material die Gegenstände sind. Führen Sie es zu der Schlussfolgerung, dass bestimmte Materialien besser schwimmen als andere.

Wenn Sie einen Schwamm verwenden, sollte Ihr Kind beobachten können, dass der Schwamm zunächst nicht untergeht, aber schließlich doch sinkt, wenn er sich ganz voll gesaugt hat.

Wiederholen Sie das Experiment. Dieses Mal geben Sie Salz ins Wasser, um mitzuverfolgen, wie dies die Schwimmfähigkeit der Gegenstände beeinflusst.

Sehen Sie sich mit Ihrem Kind Boote an und besprechen Sie dabei, aus welchen Materialien sie gemacht sind. Erklären Sie ihm das Wort »Fiberglas« und woraus dieses Material besteht. Fragen Sie es zum Beispiel: »Warum sind Boote aus Fiberglas gemacht?« Ist es sich nicht sicher, erinnern Sie es an das Schwimm-und-Sink-Experiment.

Leichte und schwere Flüssigkeiten

Dieses Experiment eignet sich wunderbar dazu, Ihrem Kind vor Augen zu führen, dass Flüssigkeiten unterschiedliche Dichtegrade aufweisen. Kinder finden diesen Versuch faszinierend, weil die Flüssigkeiten im Gefäß entsprechend ihrer Dichte verschiedene Schichten bilden.

Sie benötigen

- ein hohes Glasgefäß
- Ahornsirup
- Glycerin
- mit blauer Speisefarbe eingefärbtes Wasser
- Sonnenblumenöl
- Olivenöl
- einen metallenen Esslöffel
- Papier
- einen Farbstift
- ein Tablett

Naturwissenschaftliche Fertigkeiten / 153

1 Geben Sie von jeder Flüssigkeit etwas in kleinere Becher, aus denen Ihr Kind die Flüssigkeiten umgießen kann. Fertigen Sie von dem Glasgefäß auf dem Papier eine Zeichnung an. Dann stellen Sie alle Zutaten auf das Tablett.

2 Stellen Sie die Flüssigkeiten in einer Reihe vor Ihrem Kind auf. Das Glasgefäß kommt dahinter. Gehen Sie alle Flüssigkeiten mit Ihrem Kind durch und besprechen Sie, worum es sich bei der jeweiligen Flüssigkeit handelt. Sagen Sie Ihrem Kind, dass es die Flüssigkeiten nun dem Gewicht oder der Dichte nach in das Glasgefäß gibt.

3 Bitten Sie Ihr Kind, das Glasgefäß zu einem Fünftel mit dem Sirup zu füllen (Sie können das Gefäß dazu außen markieren). Fordern Sie es danach auf, das Glycerin zuzugeben und es dazu über die Rückseite eines Esslöffels tröpfeln zu lassen. Warten Sie, bis sich das Glycerin gesetzt hat.

4 Nun bitten Sie es, das Wasser dazuzugießen. Darauf folgen das Sonnenblumenöl, das ebenfalls über den Löffel gegossen wird, und schließlich das Olivenöl.

5 Sind alle Flüssigkeiten eingegossen, ermuntern Sie Ihr Kind, das Glasgefäß abzuzeichnen. Nach dem Einzeichnen der Flüssigkeitsschichten kann Ihr Kind daneben die Namen der Flüssigkeiten eintragen.

Zum Ausprobieren

Nehmen Sie sämtliche genannten Flüssigkeiten und füllen Sie von jedem gleich viel in je ein Gefäß. Bitten Sie Ihr Kind, eine Murmel in ein Gefäß fallen zu lassen und laut zu zählen, bis die Murmel auf den Gefäßboden gesunken ist. Wiederholen Sie diesen Vorgang mit den anderen Flüssigkeiten. Fragen Sie Ihr Kind, warum seiner Meinung nach die Murmel bei einigen Flüssigkeiten länger bis zum Boden braucht als bei anderen. So wird es mit dem Grundgedanken der Dichte vertraut gemacht.

Das Wetter entdecken

Bei der folgenden Aktivität erforscht Ihr Kind, wie empfindlich ein Kiefernzapfen auf Wetterschwankungen reagiert. Dieser Versuch führt Ihrem Kind exemplarisch vor Augen, wie Pflanzen und Tiere in der Lage sind, Wetterveränderungen zu »lesen«; Anleitungen für ähnliche Experimente bieten die weiterführenden Aktivitäten. Diese Übung bietet sich für einen Tag an, an dem Regen angekündigt ist.

Sie benötigen

- einen geschlossenen Kiefernzapfen

Naturwissenschaftliche Fertigkeiten / 155

1 Bitten Sie Ihr Kind, den Kiefernzapfen an einer vor Sonne und Regen geschützten Stelle im Freien zu deponieren. Lassen Sie ihn dort, bis es geregnet hat und die Luft feucht ist. Weisen Sie Ihr Kind darauf hin, dass die Schuppen des Kiefernzapfens fest geschlossen sind.

2 Bitten Sie Ihr Kind, den Kiefernzapfen in einen warmen Raum zu bringen und zu beobachten, ob in den nächsten Stunden oder Tagen irgendwelche Veränderungen auftreten. Die Schuppen des Kiefernzapfens werden sich in der trockenen Luft gespreizt haben.

3 Fragen Sie Ihr Kind, weshalb sich seiner Meinung nach der Kiefernzapfen verändert hat. Ist es sich nicht sicher, dann machen Sie es auf die unterschiedlichen Bedingungen bei nassem und trockenem Wetter aufmerksam. Sie können Ihrem Kind erklären, dass der Kiefernzapfen sich vor dem Regen schützen will.

Zum Ausprobieren

Sind Sie im Garten oder Park, dann untersuchen Sie andere Pflanzen, um zu sehen, ob diese sich bei Nässe oder Trockenheit verändern. Möglicherweise entdecken Sie Blumen, die nachts zum Schutz vor Tau die »Schotten dichtmachen«, oder Pflanzen, deren Blüten sich nur bei Sonnenlicht öffnen.

Beobachten Sie Tiere wie Enten, deren Gefieder wasserundurchlässig ist, und sprechen Sie mit Ihrem Kind darüber, warum das wohl der Fall ist.

Fordern Sie Ihr Kind auf, die unterschiedlichen Wolkenformen zu betrachten, und erläutern Sie, dass sie Aufschluss darüber geben, ob es regnen wird oder nicht.

Globus und Landkarte

Was könnte für ein Kind abstrakter sein als eine Landkarte, auf der feste Landformen zweidimensional dargestellt sind? Die Aktivitäten auf diesen beiden Seiten sollen Ihrem Kind helfen, diesen Verständnissprung anhand von ersten, möglichst anschaulichen Erfahrungen in Erdkunde zu schaffen.

Das Kind lernt dabei, mit Globus und Weltkarte umzugehen, und begreift, dass alle beide unseren Planeten darstellen. Es versteht auch, dass sich Landmassen zu Kontinenten mit unterschiedlichen Namen formieren.

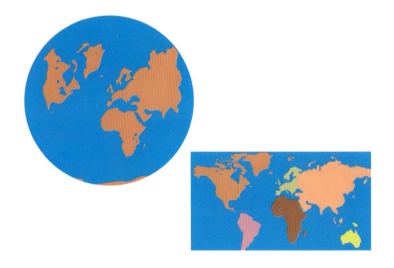

Sie benötigen

- einen Globus
- eine Weltkarte (vorzugsweise eine, auf der jeder Kontinent in einer anderen Farbe dargestellt ist)

Tipp ■ Wenn Sie Ihrem Kind neue Länder und Kontinente zeigen, dann gehen Sie zuerst bereits bekannte Ziele noch einmal durch.

1. Zeigen Sie Ihrem Kind den Globus und ermuntern Sie es dazu, den Erdball zu befühlen. Dann fragen Sie, an welche Form der Globus erinnert. Wenn es hoffentlich sagt, es handle sich um einen Ball, erklären Sie, dass diese Form »Kugel« heißt. Ihr Kind erinnert sich vielleicht aus vorangegangenen Übungen an diese Form.

2. Erläutern Sie, dass die Kugel den Planeten Erde darstellt, also jenen Planeten, auf dem wir leben. Später weisen Sie darauf hin, dass die Kugel auch »Globus« genannt wird. Erklären Sie, dass das Blaue die Ozeane darstellt und die farbigen Formen die jeweiligen Länder.

3. Benennen Sie Ihren Heimatort oder Ihre Heimatstadt. Dann sagen Sie, dass dieser Ort in einem wesentlich größeren Land liegt. Mit dem Finger fahren Sie die Umrisse des entsprechenden Landes nach und bitten Ihr Kind, es Ihnen gleichzutun. Während es dies macht, nennen Sie den Namen des Landes, in dem Sie leben.

4. Nun suchen Sie andere Ziele, die Ihr Kind schon kennt, zum Beispiel Orte, an denen andere Familienmitglieder leben oder wo Sie schon die Ferien verbracht haben. In den nächsten Tagen zeigen Sie Ihrem Kind dann die restlichen Kontinente.

Zum Ausprobieren

Zeigen Sie Ihrem Kind eine Weltkarte und sagen Sie ihm, Sie hätten nun den Globus wie eine Orange geschält und flach auf den Tisch gelegt. Bitten Sie Ihr Kind, auf dem Globus Ihr Heimatland ausfindig zu machen. Dann fordern Sie es auf, Ihr Heimatland auf der Landkarte zu suchen. Fällt ihm diese Aufgabe schwer, geben Sie ihm einige Hinweise. Dann wiederholen Sie diese Schritte und bitten es, die anderen Länder aufzuspüren, die es bereits besucht hat.

Hat Ihr Kind eine Vorliebe für Autos, Boote und Flugzeuge, dann schauen Sie sich die Landkarte an und diskutieren Sie darüber, mit welchem Transportmittel man wohl die jeweiligen Ziele erreichen kann. Um ihm eine Vorstellung über die verschiedenen Entfernungen zu vermitteln, sprechen Sie mit ihm darüber, wie oft es wohl wach wird, bis es das angepeilte Ziel erreicht hat.

Liebt Ihr Kind Tiere, dann sprechen Sie mit ihm darüber, dass unterschiedliche Tiere die einzelnen Kontinente bevölkern und jedes Tier seinen eigenen Lebensraum hat, zum Beispiel den Regenwald oder die Wüste. Sammeln Sie Tierbilder und kleben Sie diese auf die jeweiligen Kontinente.

Wenn Sie vom Einkaufen aus dem Supermarkt mit Lebensmitteln nach Hause kommen, zeigen Sie Ihrem Kind das Etikett, aus welchem das Herkunftsland der Ware ersichtlich ist. Nach dem Verzehr des Lebensmittels heben Sie das Etikett auf und kleben es ebenfalls auf die Weltkarte.

Landformen nachbilden

Bei dieser Übung fertigt Ihr Kind Modelle von verschiedenen Landformen an, zum Beispiel von einer Insel, einem See, einer Halbinsel, einer Bucht, einer Land- und einer Meerenge. Indem Sie ihm diese geographischen Landformen mithilfe von Modellen plastisch vor Augen führen, bekommt es eine sehr klare Vorstellung davon.

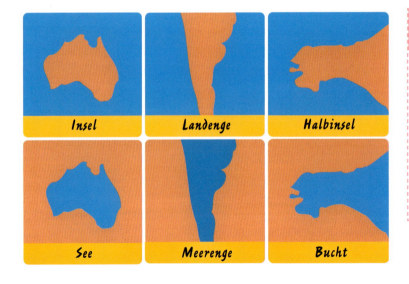

Sie benötigen

- vier flache, runde Einwegteller mit einem Durchmesser von 20 Zentimetern
- blaue Plakatfarbe
- braunes Plastilin oder Knetmasse
- einen Pinsel
- Klebstoff
- einen Krug Wasser

1 Bitten Sie Ihr Kind, die inneren Tellerböden blau anzumalen.

2 Ist die Farben trocken, fordern Sie Ihr Kind auf, das Plastilin zu einer flachen Form zu kneten. Befestigen Sie die Form in der Tellermitte und erläutern Sie, dass es nun ein Modell von einer Insel angefertigt hat. Sagen Sie: »Eine Insel ist ein von Wasser umgebenes Stück Land.« Während Sie dies sagen, zeigen Sie auf das Land und dann auf das blaue Wasser. Haben Sie Plastilin und wasserfeste Farbe verwendet, dann lassen Sie Ihr Kind um die Insel etwas Wasser gießen.

3 Geben Sie Ihrem Kind erneut Plastilin und bitten Sie es, die Masse um den inneren Tellerrand herum zu formen, damit ein See daraus entsteht. Sagen Sie: »Ein See ist ein von Land umgebenes Stück Wasser.« Während Sie dies sagen, zeigen Sie auf das Wasser und dann auf das Land. Falls möglich, gießen Sie es etwas Wasser in den See.

Zum Ausprobieren

Arbeiten Sie so auch die anderen Landformen aus. Dazu zählen eine Halbinsel (ein Stück Land, das an drei Seiten von Wasser umgeben ist), eine Bucht (Wasser, das an drei Seiten von Land umgeben ist), eine Landenge (ein Landstreifen, der an zwei Seiten von Wasser umgeben ist) und eine Meerenge (ein Wasserstreifen, der an zwei Seiten von Land umgeben ist).

- - - - - - - - - - - - - - - - -

Helfen Sie Ihrem Kind dabei, auf Globus und Landkarte Beispiele für diese Landformen zu finden.

- - - - - - - - - - - - - - - - -

Schreiben Sie die Definitionen für die verschiedenen Landformen jeweils einzeln auf Papierstreifen, wobei Sie die Namen mit unterschiedlichen Farben hervorheben.

Farben mischen

Im zweiten Kapitel dieses Buches war bereits davon die Rede, dass Farben in der Welt Ihres Kindes eine wichtige Rolle spielen und ihm helfen, seine Ideen in die Tat umzusetzen. Bei der folgenden Aktivität erfährt Ihr Kind etwas über die Farbwissenschaft und darüber, wie Farben entstehen. Wir beginnen mit den drei Primärfarben und mischen sie dann, so dass die Sekundärfarben daraus entstehen. Bei der weiterführenden Aktivität mischt Ihr Kind die Farben weiter auf.

Sie benötigen

- zehn Papierteller mit einem Durchmesser von 20 Zentimetern
- rote, gelbe und blaue Plakatfarbe
- drei dicke Pinsel
- einen schwarzen Filzstift
- ein kleines Stück schwarzen Filz oder schwarzes Papier

Decken Sie die Arbeitsfläche ab und füllen Sie gegebenenfalls die Farbe um. Legen Sie die Papierteller auf den Tisch. Mit dem Stift zeichnen Sie auf einem Tellerboden Trennungslinien ein, so dass drei Teile entstehen.

Naturwissenschaftliche Fertigkeiten / 161

1. Zeigen Sie Ihrem Kind die drei Farben Rot, Gelb und Blau und bitten Sie es, jedes Tellerdrittel in einer anderen Farbe anzumalen. Erklären Sie ihm, dass es aus diesen drei Farben nun verschiedene Farben mischen wird.

2. Bitten Sie Ihr Kind, einen Tellerboden blau und einen anderen rot auszumalen. Nehmen Sie einen weiteren Teller und fordern Sie es auf, etwas blaue Farbe aufzutragen, während Sie ein klein wenig Rot hinzufügen. Nun soll es die beiden Farben mischen. Sie fragen dann, welche Farbe dabei entstanden ist.

3. Wiederholen Sie den Vorgang mit den Farben Gelb und Rot und fragen Sie Ihr Kind, welche Farbe durch das Mischen von Gelb und Rot entstanden ist.

4. Wiederholen Sie den Vorgang mit den Farben Gelb und Blau und fragen Sie Ihr Kind, welche Farbe dabei entstanden ist.

5. Sehen Sie sich die Farben noch einmal an. Beginnen Sie dabei mit den drei Primärfarben auf dem ersten Teller.

6. Fertigen Sie aus schwarzem Filz oder Papier drei Plus- und drei Gleichheitszeichen. Befestigen Sie die Teller an einer Wand und ordnen Sie diese dabei wie mathematische Rechenaufgaben, zum Beispiel Blau + Rot = Lila.

Zum Ausprobieren

Verwenden Sie farbige Tinte oder Speisefarbe in den Farben Rot, Gelb und Blau und mischen Sie diese Farben auf Löschpapier. Bitten Sie Ihr Kind, einen Schwamm nass zu machen und das Papier damit zu befeuchten. Dann soll es einige Tropfen roter Tinte auf das Papier geben. Wiederholen Sie den Vorgang mit blauer Tinte und zeigen Sie Ihrem Kind, wie es die zwei Löschblätter aufeinander presst. Die Farben fließen nun ineinander und es entsteht die Farbe Lila. Zum Mischen weiterer Farben gehen Sie vor wie gehabt.

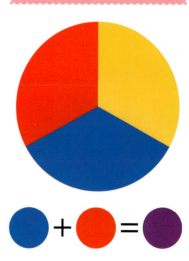

Fruchtmuffins zubereiten

Beim Kochen und Backen lassen sich wissenschaftliche Vorgänge ganz wunderbar erklären, denn aus den verschiedenen Rohstoffen entsteht dabei etwas ganz Neues. Bei diesen Aktivitäten erwirbt Ihr Kind auch lebenspraktische Fertigkeiten, macht neue Sinneserfahrungen, erweitert seinen Wortschatz und vertieft sein mathematisches Verständnis durch den Umgang mit Gewichten und Maßeinheiten.

Muffins eignen sich von der Größe her perfekt für Kinder. Das Rezept ergibt etwa 20 Stück. Ich habe zwei Varianten mit unterschiedlichem Obst aufgeführt. Sie können dem Grundteig aber auch Früchte und Aromen Ihrer Wahl beimischen.

Sie benötigen

- 200 g Mehl
- $1/2$ EL Backpulver
- $1/4$ TL Salz
- 1 Ei
- $2^{1}/_{2}$ EL Zucker
- 1/8 l Milch
- 50 g zerlassene, leicht abgekühlte Butter
- $1/2$ TL Vanillemark
- 125 g kleine Blaubeeren oder zerkleinerte, frische Aprikosen
- Muffinblech
- Papierbackförmchen

Naturwissenschaftliche Fertigkeiten / 163

> **ACHTUNG** ❗ Beim Kochen und Backen müssen Sie Ihr Kind immer im Auge behalten. Dies gilt besonders, wenn Sie den Ofen benutzen und mit heißen Backblechen hantieren.

1. Heizen Sie den Ofen auf 200 °C (Umluft 180 °C) vor. Zeigen Sie Ihrem Kind, wie man Mehl, Backpulver und Salz in eine große Schüssel siebt.

2. Bitten Sie es, in einer separaten Schüssel das Ei, den Zucker, die Milch, die zerlassene Butter und das Vanillemark zu einer Schaummasse zu vermischen. Nun fordern Sie es auf, die trockenen Zutaten auf die Eimasse zu sieben.

3. Bereiten Sie aus dieser Mischung einen geschmeidigen Teig. Ich schlage vor, dass Sie dies selbst tun. Damit die Muffins schön locker werden, darf die Mehlmischung nämlich nur kurz untergerührt werden.

4. Bitten Sie Ihr Kind, die Früchte hinzuzugeben, während Sie diese unter die Teigmasse heben.

5. Fordern Sie Ihr Kind auf, das Blech mit Papierbackförmchen zu bestücken. Händigen Sie Ihrem Kind einen Teelöffel aus und führen Sie ihm vor, wie es in jedes Förmchen etwas von dem Muffinteig gibt.

6. Schieben Sie das Blech in den Ofen und backen Sie die Muffins 20 Minuten auf mittlerer Schiene, bis sie aufgegangen sind und eine schöne Farbe angenommen haben. Nehmen Sie das Blech aus dem Ofen und legen Sie die Muffins zum Abkühlen auf ein Kuchengitter. Haben Sie keine Papierbackförmchen verwendet, lassen Sie das Blech fünf Minuten auf dem Gitter abkühlen und stürzen die Muffins dann aus der Form.

Lebkuchen backen

Kinder lieben es, Lebkuchenmännchen zu backen. Sie dürfen dabei nicht nur mit einem Nudelholz arbeiten, sondern auch beim Dekorieren ihrer Fantasie freien Lauf lassen. In der Weihnachtszeit können Sie die Figuren auch durch entsprechende Motive wie den Weihnachtsmann ersetzen. Die Lebkuchenmenge hängt dabei ganz von der Größe der Ausstechfiguren ab.

Sie benötigen

- 25 g Butter oder Margarine, zusätzlich etwas Butter zum Einfetten
- 125 g braunen Zucker
- 2 EL Ahornsirup
- 1 Tasse Mehl, zusätzlich etwas Mehl zum Bestäuben der Arbeitsfläche
- $1/2$ TL Backpulver
- $1/2$ TL gemahlener Ingwer
- $1/2$ TL gemahlener Zimt
- 1 EL Milch
- eine Ausstechfigur
- ein Backblech

Für die Glasur

- 175 g Puderzucker
- 1 EL warmes Wasser
- Zutaten zum Dekorieren – Augen, Knöpfe etc. –, dazu eignen sich Schokostreusel, Zuckerveilchen oder Rosinen.

Naturwissenschaftliche Fertigkeiten / 165

| **ACHTUNG** | ! | Beim Kochen und Backen müssen Sie Ihr Kind immer im Auge behalten. Dies gilt besonders, wenn Sie den Ofen benutzen und mit heißen Backblechen hantieren. |

1. Bitten Sie Ihr Kind, die Butter oder Margarine, den Zucker und den Ahornsirup in eine Pfanne zu geben. Schmelzen Sie die Zutaten bei niedriger Hitze und lassen Sie die Masse abkühlen.

2. Fordern Sie Ihr Kind auf, das Mehl, das Backpulver und die Gewürze in eine Schüssel zu sieben. Ist die Buttermasse abgekühlt, geben Sie diese zum Mehl und lassen Ihr Kind die Milch hinzufügen. Sie zeigen ihm dann, wie man die Zutaten zu einem Teig verrührt.

3. Nun schaut Ihr Kind zu, wie Sie die Masse mit den Händen zu einem festen Teig verknetet. Geben Sie den Teig in Klarsichtfolie und legen Sie ihn für eine halbe Stunde in den Kühlschrank.

4. Heizen Sie den Ofen auf 160 °C (Umluft 140 °C) vor. Geben Sie den Teig auf eine bemehlte Fläche und zeigen Sie Ihrem Kind, wie man den Teig fünf Millimeter dick ausrollt. Erklären Sie ihm das Vorgehen beim Ausstechen der Lebkuchenfiguren mit den Formen. Geben Sie die Figuren auf ein gefettetes Backblech.

5. Schieben Sie das Blech für 10 bis 15 Minuten zum Backen in den Ofen, bis die Lebkuchen schön knusprig sind. Legen Sie die Lebkuchen zum Auskühlen auf ein Kuchengitter.

6. Sind die Lebkuchen ganz ausgekühlt, bitten Sie Ihr Kind, den Puderzucker in eine Schüssel zu sieben und mit dem Wasser daraus eine Glasur zu bereiten. Verwenden Sie diese zum Anbringen der Verzierungen.

Arbeitsblatt 1

Höhe und Länge kennen lernen

Schneiden Sie jede Zählstange entlang den gestrichelten Linien aus.

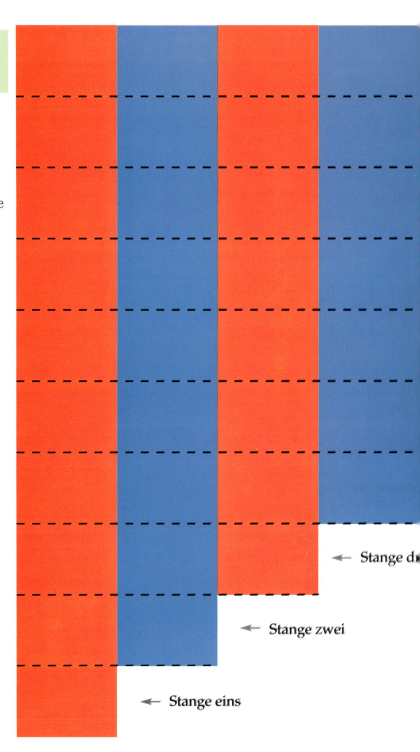

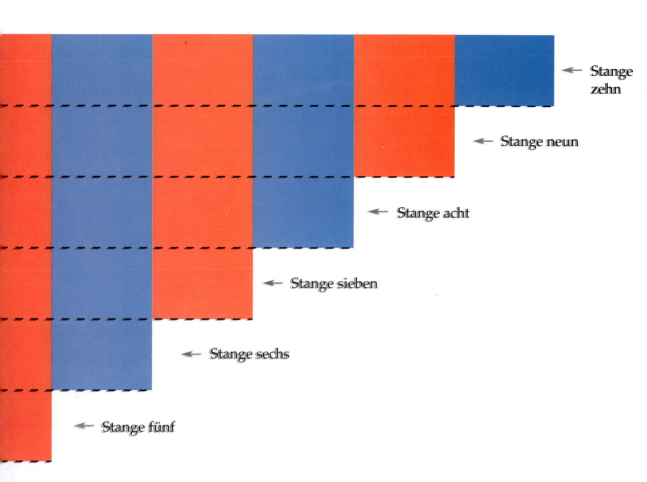

Arbeitsblatt 2

Zweidimensionale Formen

Zusammenpassende Kreise

Zusammenpassende Quadrate

Zusammenpassende Dreiecke

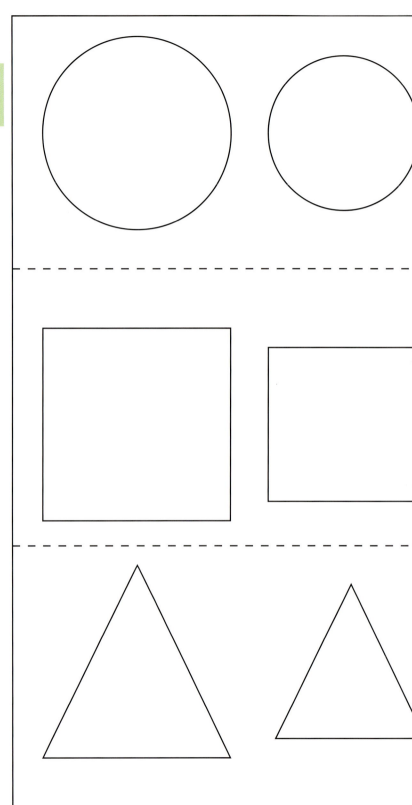

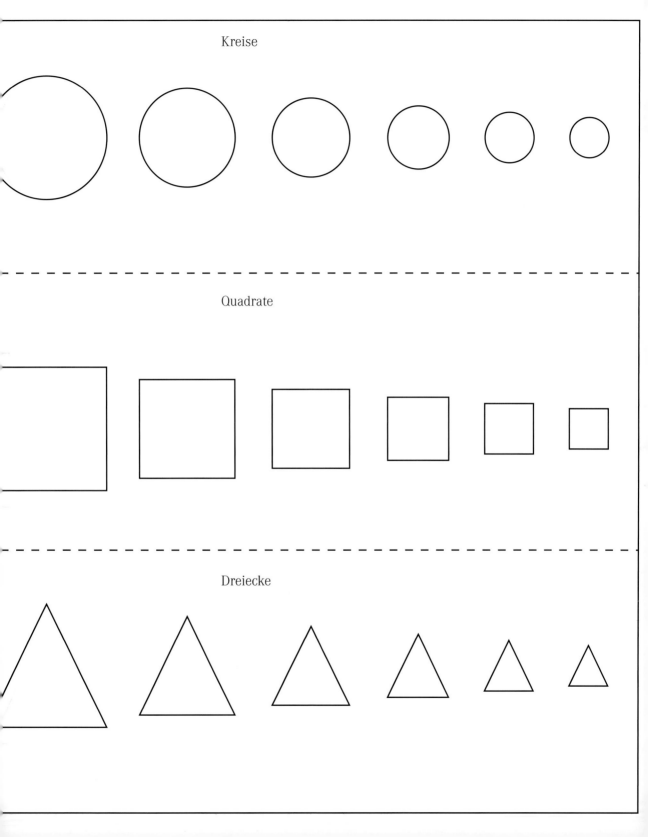

Arbeitsblatt 3

Das phonische Alphabet

Die Buchstaben des Alphabets
mit ihren phonischen Lauten

Am	Feder	Kette	Pilz	uns
Bus	Gämse	Lippe	Quelle	von
Cabrio	Hut	Mann	Ratte	war
Drache	immer	nicht	Suppe	Xylophon
Ende	Ja	ohne	Tasse	Yacht
				Zoo

Arbeitsblatt 4

Buchstaben erkennen

Schneiden Sie jeden Buchstaben entlang den gestrichelten Linien aus.

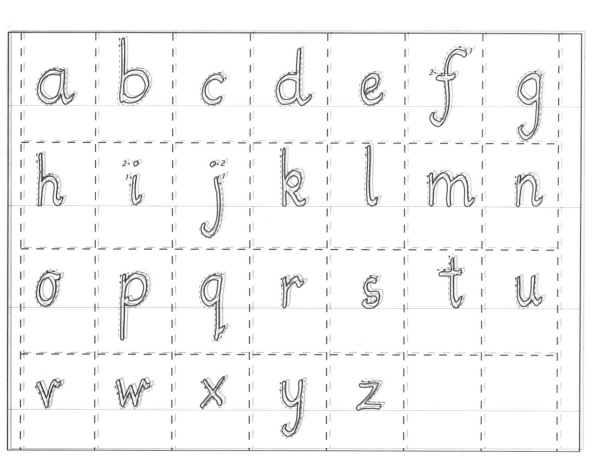

Arbeitsblatt 5

Wörter bilden

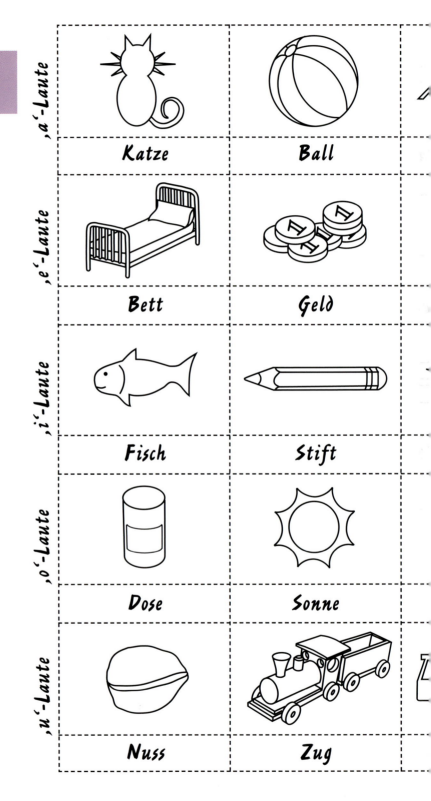

Arbeitsblatt 6

Sätze konstruieren

Präpositionen	Verben	Adjektive	Artikel
auf	saß	große	Der
unter	springt	rote	Die
über	hüpft	rosa	Das
neben	gräbt	nasse	Ein

Eine	kleine	rennt	an
Der	heiße	stellt	nach oben
Die	schmale	schaut	
Das	dünne	sah	
Ein	weiche	geht	
Eine	fleckige	kriecht	
	gestreifte	rollt	

Arbeitsblatt 7

Ein Blumenpuzzle basteln

| Blütenblatt | Wurzeln | Stiel | Blätter |

| Fruchtknoten | Staubblatt | Narbe |